Recomendaciones para *La vida transformadora: descubre tu asignación del Reino*

"La vida transformadora: descubre tu asignación del Reino de Doctor Randy Butler ofrece perspicacias que son tanto inspiradoras como prácticas. Este libro es imprescindible para cualquiera que busca vivir una vida de propósito e impacto, fundamentado en sabiduría espiritual profunda y amor por Cristo."

Dr. Ron Post, Fundador
de *Medical Teams International*

"Descubrí La vida transformadora en un momento en el cual estaba buscando un recurso para ayudar a un grupo de compañeros creyentes en un viaje de fe más profunda y de mayordomía generosa. En él encontramos ideas inspiradoras; descubrimos un mapa que nos mostró cómo caminar este viaje de discipulado juntos de una manera cautivadora y memorable. Lo que comenzamos juntos durará hasta un futuro remoto."

Reverendo Dr. Ben Lee
Presidente de *In His Steps Foundation*

"Mi esposa y yo participamos en el evento *Transformational Living Weekend*. Estábamos atravesando por un momento difícil mientras buscábamos la clara dirección de Dios en nuestras vidas. Sabíamos que queríamos ser buenos mayordomos de lo que él nos había encomendado, pero, ¿Considerar un *Plano Empresarial del Reino* para nuestras vidas? Nunca habíamos procesado nuestro futuro desde esa perspectiva, y nos trajo mucha claridad, inspiración y esperanza para el camino por delante."

Lee Wilhite
Director Ejecutivo de
Mission Increase

LA VIDA
TRANSFORMADORA
descubre tu asignación del Reino

RANDY R. BUTLER

Este libro sigue el patrón de traducciones bíblicas como la Nueva Traducción Viviente, la Biblia del Siglo de Oro y la Reina Valera Revisada de no poner un mayúsculas la primera letra de los pronombres que se refieren a Dios. Los nombres y títulos de Dios empiezan con mayúscula.

Diseño de portada por Taylor Creative.
Fotografía de portada de *Carnegie Hall* por Gordon Bell bajo licencia de *Alamy Stock Photo*.

Fotos de artefactos industriales son de la colección personal del autor. Utilizado con permiso.

Impreso en los Estados Unidos.

ÍNDICE

AGRADECIMIENTO DEL AUTOR

Agradecimiento especial a Marty Duren por tomar mis palabras habladas y ponerlas en papel, así como sus contribuciones de edición y creación de contenido para el *Cuaderno de Trabajo* y la Guía del Líder de este estudio.
Agradecimiento especial a Caleb Crider por gestionar el proyecto *La vida transformadora: descubre tu rol en su reino* hasta su finalización.

PROLÓGO

Toda mi vida he estado fascinado con la innovación económica y con el órden de la creación de Dios. Incluso de niño leía revistas de negocios, que llegaban a nuestra casa, de portada a portada para aprender del deseo humano incesante de innovar el diseño de productos, técnicas de fabricación, y la ciencia de materiales. Adam Smith notó que toda la sociedad se beneficiaba de tales impulsos de lucro "egoístas" como si fueran conducidos por una mano invisible. Continúo maravillándome por esta dinámica, y leer de ella todavía me emociona en mis sesenta.

La capacidad del hombre para crear e innovar es una consecuencia de haber sido hecho a la imágen de Dios, quien pronunció el universo a la existencia. El hecho de que cinco innovadores americanos famosos del siglo diecinueve mencionados en este libro estuvieran activamente explorando su propia relación con Dios solo me sorprende debido al trato duro que generalmente han recibido de manos de los historiadores. Mis estudios a lo largo de los años señalan al rico legado filantrópico de los Estados Unidos estando arraigado a la generosidad de estos hombres y de aquellos que los imitaron. Como estudiante de generosidad bíblica, es claro que los Estados Unidos no tiene rival en este espacio. Los estadounidenses son caritativos y este impulso está íntimamente ligado a los orígenes de nuestro país en la ley natural y el consenso judeo-cristiano que existía en el momento de su fundación.

Conocí a Randy a través de un ministerio dinámico de desarrollo de capacidades llamado *Mission Increase*. También lo he escuchado hablar de estas mismas ideas desde el estrado del *Free Market Forum*, un evento anual dedicado a explorar el nexo de mercados y moralidad patrocinado por *Hillsdale College* y *Action Institute*.

La Vida Transformadora: descubre tu asignación del Reino es útil porque marca la ruta para que la generación actual se injerte en esta misma rica tradición. Efesios 2:10 declara que somos salvos "para buenas obras, las cuales Dios dispuso de antemano a fin de que las pongamos en práctica." El libro de Tim Keller, *Iglesia centrada*, es uno de los textos de este género creciente que argumenta que los cristianos profesionistas deberían elevar su rendimiento. Para que la iglesia sea la iglesia (la palabra griega *ecclesia*, or "los llamados"), es necesario que vuelva al movimiento revolucionario que empezó en la cruz y que Dios tiene planeado que sea 24 horas, 7 días por semana, 365 días por año – un movimiento y no una institución.

Gálatas 3:28 dice que en Cristo todos somos uno solo. Las divisiones mayores de la sociedad durante el tiempo breve de Cristo en la tierra –sexo, esclavo/libre, judío/gentil– eran insignificantes en comparación con la unidad que solo es posible en Cristo. En la oración sacerdotal de Jesús en Juan 17, él ora para que todos nosotros seamos uno. Si atendemos a la exhortación de Pablo de Colosenses 3 de que llevemos cautivo todo pensamiento para que obedezca a Cristo, veremos más cosas en la tierra como son en el cielo. Esto fue el impulso que formó a los Estados Unidos que Alexis de Tocqueville observó y anotó en su clásico de 1837, *La democracia en América*. Cuando los estadounidenses recuperen su plena ciudadanía en el Reino de Dios, la América del siglo veintiuno volverá a ser reconocida por observadores de todo el mundo por su excepcionalismo. Los Estados Unidos eran excepcionales porque su pueblo trataba de imitar al Dios de la Biblia. Un gran número de estadounidenses a lo largo de los siglos han escogido imitar a Dios en su generosidad de tiempo, talento, tesoro y testimonio. Doy gracias a Dios porque Randy Butler ha invertido su talento, tiempo, recursos y testimonio en este nuevo libro importante. Que Dios sea glorificado mientras lo leas y te tomes a pecho sus enseñanzas. Que Dios nos ayude a no solo oír la palabra, sino a llevarla a la práctica.

David A. Durrell, Director
The George Edward Durell Foundation

INTRODUCCIÓN

Bienvenidos a *La Vida Transformadora: descubre tu asignación del Reino*. Mi nombre es Randy Butler. Soy pastor, padre, esposo e historiador. Trabajo con una organización cristiana sin fines de lucro llamada Mission Increase. Apoyamos a líderes del mismo sector en su búsqueda de estabilidad financiera, permitiéndoles centrarse plenamente en su misión. Tal foco ocurre cuando las personas se vuelven conscientes de lo que Dios les está llamando a hacer con sus vidas; un llamado que denomino nuestro "Rol en su Reino".

Nuestra "asignación en su Reino" no es algo que concibamos por nosotros mismos. Al igual que la salvación, nuestro Rol en su Reino no nos es dado por medios terrenales. Es literalmente el papel que Dios ha escogido para nosotros, para que logremos en su reino lo que él desea de cada uno de sus hijos.

El libro que estás leyendo es el resultado de años de estudio y observación mientras he visto a Dios cambiar la vida de personas que han implementado estos principios. No tengas duda de que este no es un libro de "autoayuda" que simplemente intenta apoyarte a ser una versión mejor del tú actual. No nos hace falta una simple versión de nosotros mismos mejorada; necesitamos ser transformados por Dios, día a día mientras vivimos.

Soltando tu carga

¿Cada cuánto te sientes abrumado por las luchas y los retos de la vida? ¿A veces? ¿A menudo? ¿Todo el tiempo? Pienso que te tengo buenas noticias. Descubrir tu Rol en su Reino puede ser como una bocanada de aire fresco, como quitarse un peso de encima, como una libertad recién encontrada despues de una larga esclavitud. Esta manera de vivir trae paz, propósito, significado y gran gozo.

¿Cómo descubres tu Rol en su Reino? Dios te lo mostrará como resultado de él transformando tu vida para ser más como la de Jesús. Yo le llamo Viviendo la Vida Transformadora porque esto es lo que es: Dios transformándome y usándome de alguna manera pequeña para transformar a otros.

Yo no inventé esta manera de vivir. Ningúna cantidad de experiencia humana podía haber inventado una transformación así. Esto no nos debería sorprender ya que, según Isaías 55:8-9, sus caminos y sus pensamientos "son más altos que los de ustedes". Esta forma de vivir es sobrenatural. De hecho, continúo descubriendo más sobre ella mientras camino con Jesús.

Cómo usar este libro de la mejor forma

He intentado escribir este libro de una forma conversacional, como si tú y yo estuviéramos platicando. Aunque no nos conozcamos, tal vez tengamos cosas en común. Mi esperanza es que conforme avances en la lectura, se sienta como si estuviéramos en un ambiente cómodo y familiar, disfrutando una taza de café o de té, y hablando de cosas que importan.

Esto no significa que tengas que sumergirte en La Vida Transformadora solo. De ninguna manera! Aunque lo puedas hacer –y beneficiarte de ello– es probable que crezcas mucho más si lo lees con alguien que te conozca bien y después apartes tiempo para hablar de lo que Dios te enseña en cada capítulo. Dios frecuentemente usa a los hermanos y hermanas en Cristo para afilarnos y guiarnos, además de ayudarnos a determinar su voluntad para nuestras vidas.

La vida transformadora: descubre tu asignación del Reino consiste en diez capítulos cortos. Empezamos cada uno con una breve exploración de un pasaje de las Escrituras. Después, pensamos en algunas implicaciones posibles de ese pasaje para nuestras vidas. Concluimos cada capítulo con un llamado a la reflexión personal y a que tú explores cómo podrías caminar fielmente con Jesús mientras él transforma tu vida y la vida de otros a través de ti.

Asegúrate de tomar notas durante la lectura para que puedas repasarlas durante el tiempo de discusión. Para tener una experiencia de aprendizaje más plena, considera obtener una copia del cuaderno de trabajo de *La vida transformadora: descubre tu rol del reino*, el cual incluye notas, preguntas de discusión y una guía de lectura de las Escrituras. (Puedes encontrar la información para pedirlo, además de enlaces para acceder videos de enseñanzas en línea, en la parte trasera de este libro).

Ya que este libro está planeado para hacer una diferencia en tu vida, puedes estar seguro de que el maligno te traerá distracciones. Déjame animarte a estar consciente de la importancia de este material y esforzarte a designar tiempo todos los días para leer y reflexionar. Cuando lees, pon tu teléfono en otro cuarto; pon tu computadora en modo suspensión; apaga la televisión o aparato de streaming; no escuches música con letras para que tu cerebro no esté tratando de procesar la palabra escrita y la cantada al mismo tiempo. Es un momento de concentración y de escuchar lo que el Espíritu tiene para decirte.

No te sorprendas si te resulta difícil, pero si inviertes el tiempo y trabajas duro, creo firmemente que vas a recoger los frutos eternos de hacer la obra de Dios.

Comenzando

Hace unos años, ví una serie de televisión en *The History Channel* que Dios usó para cambiar mi vida. *The Men Who Built America* (los hombres que construyeron los Estados Unidos) fue originalmente una docuserie de seis partes sobre las vidas de cinco empresarios industriales americanos: Cornelius Vanderbilt, John D. Rockefeller, Andrew Carnegie, J.P. Morgan, y Henry Ford. Mientras veía *The Men Who Built America,* fui inspirado a leer más a fondo acerca de cada uno de estos hombres. Leí páginas incontables de biografías, diarios, notas y documentos históricos. Lo que encontré fue que una parte significativa de las vidas de estos empresarios se le había escapado a *The History Channel*: la influencia de su fé en Jesús en sus actividades comerciales, sus familias, su participación comunitaria y su vida en la iglesia. (He incluido una lista de Libros recomendados para rectores de inglés en las páginas para todos los que están interesados en un análisis exhaustivo de sus vidas).

John D. Rockefeller fue un director de escuela dominical bautista y miembro de la mesa directiva que estudió la palabra de Dios y fielmente llevó a su familia a la iglesia cada domingo. Vanderbilt encontró la fé en Cristo en la segunda mitad de su vida, resultando en una generosidad inédita. Aunque llegó a entender su Rol en su Reino tarde, no obstante, cumplió lo que Dios tenía pensado para él en sus años restantes.

Andrew Carnegie memorizó dos versículos de los Salmos todos los días para sus tareas de la escuela. Sus escritos contienen alusiones bíblicas y referencias al reino de Dios. J.P. Morgan fue un líder destacado de la iglesia que invirtió su tiempo, talento y recursos en la vida de la Iglesia Episcopal a la que asistió en Nueva York. Pero es lo que declara en su testimonio lo que nos marca la pauta :

> Yo encomiendo mi alma en las manos de mi Salvador, en plena confianza de haberla redimido y lavado en su sangre más preciosa Él la presentará sin mancha delante de mi Padre Celestial; y yo imploro a mis hijos que mantengan y defiendan, sin importar el peligro y el costo de sacrificio personal, la bendita doctrina de la expiación completa del pecado por medio de la sangre de Jesucristo, ofrecido una vez, y por medio de solo eso.

El quinto y último empresario industrial presentado en la serie de *The History Channel* es Henry Ford. Ford es más conocido por su implementación de la línea de producción en movimiento y por el desarrollo de sistemas para la producción de automóviles. El padre de Ford estaba profundamente involucrado en la vida de su iglesia e influyó a Henry, para que fuera bautizado y confirmado. Esta influencia se ve en varios momentos de la adultez de Henry Ford, aunque tal vez de manera menos obvia que con los otros cuatro industriales. De hecho, mi uso de estos líderes industriales no tiene el propósito de idolatrarlos o implicar que no tuvieran fallas. Cada uno de ellos, igual que nosotros, tuvo sus propias batallas y defectos.

Esto nos lleva a nuestro Rol en su Reino. Mientras que las vidas de estos empresarios se centraban en la iglesia, el comercio, las comunidades, las ciudades, el capitalismo y los automóviles, ¿cuál es tu Rol en su Reino? Dios tiene una tarea para cada uno de nosotros hoy. Es esencial que sepamos que tal tarea le importa a Dios. Esta asignación tiene que ser descubierta por ti y por mí, y después compartida con otros. Esto es muy real. Esto es de suma importancia.

Y es necesario para un momento como este.

Capítulo 1

¿ESTAMOS LISTOS PARA EL CIELO?

||||||||||||||||||||||||

Para muchas personas, el cielo es una cuestión de lo que más les importa. ¿Poder volver a ver a su querida abuela? Algunos piensan que eso es el cielo. ¿Ser rescatado de un jefe autoritario? Otros consideran que esto es el cielo. ¿Tener la oportunidad de jugar de nuevo con la mascota favorita de su niñez? Es fácil ver que la mayoría de las personas tienen una concepción del cielo que ni siquiera requiere la presencia de Dios. Es simplemente una versión de su vida ideal en la tierra y nada más.

Pero esto no coincide con la visión bíblica. El cielo es un lugar tangible donde Dios habita y Él decide quién entra y quién no. Por un lado está la preparación para la salvación, por el otro está la preparación para cumplir nuestro Rol en su Reino.

Esto provoca una pregunta para todos nosotros. Podría ser la pregunta más importante de nuestras vidas: ¿Estamos listos para el cielo? ¿Estoy listo? ¿Tú lo estás?

Preparados

El evangelio de Mateo incluye una sección de las enseñanzas de Jesús justo antes de su muerte. Los capítulos 24 y 25 citan sus palabras acerca de lo que va a pasar antes de su regreso. Al leer estos pasajes con atención, encontramos motivos para sentir optimismo respecto a su segunda venida. La parábola de la higuera nos recuerda la importancia de estar preparados para Jesús. ¡ Para aquellos que lo conocen, estar listos para su regreso es una fuente constante de ánimo! quitará. Y a ese siervo inútil échenlo afuera, a la oscuridad, donde habrá llanto y crujir de dientes!

A continuación de la parábola de la higuera, en Mateo 25, encontramos una de las enseñanzas de Jesús conocida como la parábola de los talentos. Se lee:

»*El reino de los cielos será también como un hombre que, al emprender un viaje, llamó a sus siervos y les encargó sus bienes. A uno le dio cinco mil monedas; a otro, dos mil y a otro, mil. Dio a cada uno según su capacidad. Luego se fue de viaje. El que había recibido las cinco mil fue enseguida y negoció con ellas y ganó otras cinco mil. Así mismo, el que recibió dos mil ganó otras dos mil. Pero el que había recibido mil fue, cavó un hoyo en la tierra y escondió el dinero de su señor.*

»*Después de mucho tiempo, volvió el señor de aquellos siervos y arregló cuentas con ellos. El que había recibido las cinco mil monedas llegó con las otras cinco mil. "Señor —dijo—, usted me encargó cinco mil monedas. Mire, he ganado otras cinco mil". Su señor respondió: "¡Hiciste bien, siervo bueno y fiel! En lo poco has sido fiel; te pondré a cargo de mucho más. ¡Ven a compartir la felicidad de tu señor!". Llegó también el que recibió dos mil monedas. "Señor —informó—, usted me encargó dos mil monedas. Mire, he ganado otras dos mil". Su señor respondió: "¡Hiciste bien, siervo bueno y fiel! En lo poco has sido fiel; te pondré a cargo de mucho más. ¡Ven a compartir la felicidad de tu señor!".*

»*Después llegó el que había recibido mil monedas. "Señor —explicó—, yo sabía que usted es un hombre duro, que cosecha donde no ha sembrado y recoge donde no ha esparcido. Así que tuve miedo y fui y escondí su dinero en la tierra. Mire, aquí tiene lo que es suyo". Pero su señor respondió: "¡Siervo malo y perezoso! ¿Así que sabías que cosecho donde no he sembrado y recojo donde no he esparcido? Pues debías haber depositado mi dinero en el banco, para que a mi regreso lo hubiera recibido con intereses".*

»Después ordenó: "Quítenle las mil monedas y dénselas al que tiene las diez mil. Porque a todo el que tiene se le dará más y tendrá en abundancia. Al que no tiene hasta lo que tiene se le quitará. Y a ese siervo inútil échenlo afuera, a la oscuridad, donde habrá llanto y crujir de dientes".

Es claro que el terrateniente dio a cada uno de sus siervos una asignación específica para cumplir durante su ausencia. En esta parábola sobre el Reino de Dios, podemos denominarlas Asignaciones del Reino. Todos recibieron la tarea de administrar una cantidad determinada de dinero y gestionarla en beneficio del dueño. Si lo hacían bien, serían recompensados; de lo contrario, serían juzgados. El terrateniente dejó clara su expectativa para los dos siervos a quienes llamó buenos y fieles. Ellos cumplieron con su voluntad y desempeñaron su Asignación en su Reino.

Otra faceta destacada de esta parábola es el sentido de urgencia. Dios espera que actuemos por su reino sin demora. No importa si somos jóvenes o mayores, ni si estamos en la mitad de nuestra carrera o cerca de la jubilación. El momento es ahora. La hora es ahora. Es imperativo que aprendamos y vivamos nuestra Asignación en su Reino con urgencia.

(Vamos a examinar el tema de urgencia más a fondo después, además de dos otros temas muy importantes que vemos en la parábola: impulso y mayordomía.)

Tu Asignación en su Reino y Otros

Inmediatamente después de la parábola de los talentos, Jesús cambia a una enseñanza sobre el juicio final. Esta enseñanza en Mateo 25:31-46 a veces se conoce como la parábola de las ovejas y las cabras, siendo las ovejas quienes pertenecen a la familia de Dios y las cabras los que están fuera de ella. Esta parte de las escrituras incluye la famosa discusión entre quienes están en el banquillo de los acusados en el juicio en el que Jesús revela las innumerables oportunidades que ellos tuvieron para ministrarle al ayudar –o no– a los necesitados. "¿Cuándo te vimos hambriento, sediento, desnudo, con necesidad de una posada o en prisión?", preguntaron. Tanto los justos como los injustos parecen estar en shock; ellos no recuerdan haber encontrado a Jesús en absoluto!

Entonces Jesús les dice, "todo lo que hicieron por uno de mis hermanos, aun por el más pequeño, lo hicieron por mí".

No es posible cumplir nuestra Asignación en su Reino sin influir en las vidas de otros, ya sea en el centro o en la periferia, en la cima o en el fondo. Nuestra misión no se centra en buscar satisfacción personal, aunque eso puede ser un resultado natural. Se trata de tener un impacto en las vidas de la gente a nuestro alrededor. Es Dios usándonos para demostrar su amor y su salvación para con quienes conectamos afuera de la iglesia.

Sin importar dónde vives, las personas que tienen hambre física te rodean. Las que tienen sed espiritual también. Extraños que no conocen la cultura, el país o a Dios te circundan. Los pobres y enfermos están a tu alrededor. Los presos en cuerpo, en mente y en espíritu te rodean. No siempre sabemos de inmediato cuáles de ellos son "hermanos y hermanas", así que hacemos bien en ayudar a todo el que podamos!

Los empresarios industriales y sus pastores

Te podrías sorprender al aprender que los cinco hombres de negocios previamente mencionados no eran ignorantes de las enseñanzas bíblicas. Todos fueron influidos por sus pastores. Charles Deems fue pastor y consejero personal de Cornelius Vanderbilt y estuvo presente cuando el empresario fue llamado al cielo. Fred Gates fue pastor bautista y consejero personal de John Rockefeller. Henry Sloan Coffin fue pastor de Andrew Carnegie. Además de eso, más tarde se volvió presidente del seminario *Union Theological Seminary* (1926-1945).

William S. Rainsford fue pastor y amigo de muchos años de J.P. Morgan. Samuel Marquis fue pastor y consejero de Henry Ford. De hecho, después de la primera guerra mundial, Marquis fue el encargado del departamento de educación de *Ford* (conocido más tarde como el departamento sociológico de la *Ford Motor Company*), supliendo las necesidades médicas, financieras y de alojamiento de sus empleados. (Entre mi colección de recuerdos de líderes empresariales está una guía telefónica de la *Ford Motor Company*. Marquis aparece en ella. Es una de mis posesiones más preciadas de mi colección).

Dado el número pequeño de personas que se vuelven multimillonarias, es probable que tu Asignación en su Reino no sea tema de un futuro documental. Sin embargo, habrá alegría en el cielo por un solo pecador que se arrepienta gracias a tu testimonio de las buenas nuevas de Jesús, independientemente de si sales o no en The History Channel.

Pero antes de que continuemos examinando lo que significa hacer un impacto para el cielo, asegurémonos de que tú mismo estés listo para el cielo.

¿Qué hay de ti?

Antes de que el Rey te dé una Asignación en su Reino, debes estar dentro de su reino. Dios no otorga posiciones en su reino a los rebeldes, sino a los que se han arrepentido. Por lo tanto, antes de proceder, reflexiona sobre tu vida y la relación que crees tener con el Dios Todopoderoso, Creador de los cielos y la Tierra.

¿Te has arrepentido de tus pecados y puesto tu fe únicamente en Jesucristo para la salvación? ¿Has cambiado tu lealtad del reino de este mundo al reino de Dios? En uno de los primeros sermones de Jesús, registrado en el evangelio de Marcos en el Nuevo Testamento, él proclamó: "Se ha cumplido el tiempo. El reino de Dios está cerca. ¡Arrepiéntanse y crean las buenas noticias!" (1:15). El evangelio son las buenas nuevas del reino de Dios. Son las buenas nuevas de la redención personal, por supuesto, pero también son el cumplimiento de las promesas divinas del reino.

Todos nosotros —cada ser humano que ha existido— nació en pecado (Romanos 3:23). Somos por naturaleza merecedores de la ira de Dios y enemigos de él. Somos rebeldes hacia el verdadero Rey y su reino. Si depende de nosotros, obtendremos la paga de nuestro pecado: la muerte (Romanos 6:23).

Afortunadamente, Dios ya nos ha preparado una vía de salvación por medio de su hijo, Jesucristo (Juan 1:12).

La Biblia dice, "Porque tanto amó Dios al mundo que dio a su Hijo único, para que todo el que cree en él no se pierda, sino que tenga vida eterna" (Juan 3:16). Jesús está a la puerta de tu corazón, llamando para entrar (Apocalipsis 3:20). ¡Esta es una promesa para todos!

¿Cómo sabes si estás listo para el cielo? Esto depende de si hayas confiado en Jesús. Si no, puedes hacerlo ahora mismo. Aquí tienes una oración que puedes decir para pedir que Jesús te salve:

> *Señor,*
>
> *Confieso que soy un pecador y que no puedo salvarme a mí mismo. Me doy cuenta de que mi pecado me ha separado de ti. Gracias por enviar a Jesús a morir en mi lugar. ¡Creo que él murió en la cruz por mis pecados y que tú lo levantaste de entre los muertos para que yo pudiera vivir una nueva vida! Por favor, entra a mi corazón y ayúdame a amarte y servirte con mi vida entera.*
>
> *Amén.*

Libro de información para los pacientes del Henry Ford Hospital que fue financiado por Henry y Clara Ford. Los primeros pacientes fueron admitidos el 1 de octubre de 1915.

Capítulo 2

LA URGENCIA

John D. Rockefeller entendió la urgencia.
Él entendió la urgencia en los negocios. Entendió la urgencia con sus hijos. Y también entendió la urgencia con la gente en general.

No construyes un monopolio que vale un estimado de 1 billón de dólares en dinero actual[1] al jugar con el tiempo. Uno no controla una industria entera al esperar a que las cosas pasen.

Cuando pienso de la vida de negocios de John Rockefeller, pienso en *la urgencia*, al lado de otras

---

[1] https://www.visualcapitalist.com/most-valuable-companies-all-time/

palabras clave que describirían la manera metódica en la que Rockefeller hizo el ministerio de los negocios. La palabra *urgencia* puede llevar consigo unos matices de pensamientos que podrían incluir *la emergencia, el pánico* o *la crisis*. Para Rockefeller, estas palabras serían frecuentemente evitadas debido a cómo administró la palabra *la urgencia*.

Rockefeller empleó una estrategia a largo plazo con lo que yo llamo "la urgencia metódica". Su religión no era simplemente de domingo. Era práctica, impactando su vida cotidiana. Usó la Biblia como un carpintero usa sus herramientas.

Para Rockefeller, lo urgente siempre fue lo inmediato, pero actuó con gran paciencia, aun en sus años de juventud. De joven, tenía la sabiduría del anciano sabio. De grande, él tenía el valor de un joven león rugiente: siempre buscando oportunidades, constantemente aprovechando de cada oportunidad, sacando la red para no perder la oportunidad. Esta sería la vida de Rockefeller viviendo con una urgencia apasionada.

Dudo mucho que conociéramos los nombres de cualquiera de estos líderes industriales si ellos no hubieran tenido ese sentido de urgencia con respecto a sus metas.

La urgencia del reino

¿Hay algo sobre lo que los cristianos realmente necesitan tener un sentido de urgencia? Observar al cristiano promedio es ver a alguien que se comporta como los globos sobre la brisa en lugar de como cohetes despegando. ¡Las Escrituras no nos dan la opción de ser pasivos! Ellas exigen un sentido de urgencia. Considera Mateo 7:13-14 que se lee así: "Entren por la puerta estrecha. Porque es ancha la puerta y espacioso el camino que conduce a la destrucción, y muchos entran por ella. Pero estrecha es la puerta y angosto el camino que conduce a la vida, y son pocos los que la encuentran."

¿Qué podría ser más urgente que hacer que la gente sepa de estas dos puertas y estos dos caminos? Hay una puerta ancha para evitar y una puerta estrecha para entrar. ¡Estos son destinos eternos! Podemos mirar a nuestro alrededor cada día y ver a personas destruyendo sus vidas. Son parte de nuestras familias, son con quienes trabajamos, nuestros amigos y vecinos y otros que están en nuestra órbita que están corriendo a toda velocidad por el camino ancho hacía la destrucción.

Ellos necesitan a alguien que agite una bandera, que les advierta de la inminente catástrofe que les espera. Es *urgente* que escuchen el evangelio antes de que sea demasiado tarde.

La ciudad de Nueva York es uno de mis lugares favoritos. Una vez durante una visita, caminé por la calle *West Broadway*. Miré hacia arriba y vi un letrero de un negocio que decía, "Ahora es el momento". Estaba tan impactado que tomé una foto. Nunca he olvidado este lema simple: Ahora es el momento.

¿Existe algo más verdadero, mientras consideras tu Rol en su Reino y desarrollas tu Plan de Negocios del Reino, que vivir con la urgencia que tu papel requiere? El tiempo no es la próxima semana; ¡El tiempo es ahora!

La gente está perdida, viviendo en soledad y herida/sufriendo. Otros están en la cárcel o en libertad condicional, luchando para encontrar un trabajo digno para sobrevivir. Considera algunas de las estadísticas sobre las condiciones en los Estados Unidos para poner especial énfasis en estos pensamientos:

- 1 de cada 4 mujeres y 1 de cada 4 hombres han experimentado alguna forma de violencia física por parte de una pareja íntima (*National Coalition Against Domestic Violence*).
- Más de 600,000 niños son abusados cada año (*National Children's Alliance*).
- Más de la mitad de todas las mujeres y cerca a 33% de todos los hombres han sufrido violencia sexual física durante sus vidas (*CDC*).

- En 2020, un estimado 14.8 millones de adultos informaron de por lo menos un episodio depresivo mayor durante el año anterior (*ADAA*).
- Casi 38 millones de personas están viviendo en pobreza (*US Census Bureau*).
- Más de 1.2 millones de personas están en cárceles estadounidenses, cifra que continúa incrementando tanto para hombres como para mujeres (*Bureau of Justice Statistics*).
- Globalmente, más de 108 millones de individuos han sido desplazados a la fuerza debido a la persecución, el conflicto, la violencia y las violaciones de derechos humanos (*World Vision*).

Y, trágicamente, en 2021 el número de estadounidenses con membresía religiosa cayó debajo del 50% por primera vez (*Gallup*), con alrededor de 40 millones dejando de asistir a la iglesia en los últimos 25 años.[2]

Con tanto trauma y dolor, es una gran bendición que Dios nos pueda usar para ayudar a la gente a encontrar libertad en esta vida. En Lucas 4:18-19, Jesús lee un fragmento del libro de Isaías del Antiguo Testamento que

---

2   Davis, Jim and Graham, Michael. The Great Dechurching. (Zondervan: Grand Rapids, MI), 2023.

dice: "El Espíritu del Señor está sobre mí, por cuanto me ha ungido para anunciar buenas noticias a los pobres. Me ha enviado a proclamar libertad a los cautivos y dar vista a los ciegos, a poner en libertad a los oprimidos, a pregonar el año del favor del Señor."

A través del poder del evangelio, nuestro Rol en su Reino contribuye a la liberación de personas que están encarceladas en su mente, en su corazón, en las decisiones que han tomado en la vida. ¡Les estamos llevando las buenas nuevas! Nuestro mensaje es uno de gran esperanza. ¿No es maravilloso?

No necesitamos hacer muchas preguntas sobre *por qué* las personas están sufriendo para poder aceptar el hecho de que *sí* están sufriendo. Este es un tiempo privilegiado que tenemos para aprender, refinar e implementar lo que Dios tiene para nosotros. En efecto, los campos están sembrados y la mies está madura. ¿Estás urgentemente entrando a los campos cada día, evaluando la tierra en busca de maneras de "recoger la cosecha"?

Mi punto de inflexión

Yo encontré mi propia asignación en su Reino el 6 de enero de 2003. Llegué del trabajo y encontré a mi hijo Kevin inconsciente. Viajamos al hospital en ambulancia, y cien horas después, nos dimos cuenta de que su tarea en la Tierra había terminado; él se fue a casa para estar con el Señor. Mi hijo de 16 años se fue a la presencia de Dios. Antes de este evento, pensaba que tenía urgencia en mi vida, pero después de aquel día traumático, ha habido un sentido de urgencia y un fuego ardiente dentro de mí que apenas puedo expresar, incluso más de 20 años después.

Encontrar tu asignación en su Reino puede llevarte por el valle de sombra de muerte, provocando preguntas que nunca antes te habías hecho. Esto me sucedió a mí. "¿Qué estabas pensando, Dios? ¿Es esto lo mejor que puedes hacer por mí? ¿Realmente esperas que yo te glorifique cada domingo?"

A lo largo de un periodo de 4 meses de dolor y desaliento inmenso, Dios me habló. Él se volvió mi Abridor de Caminos una vez más. Se convirtió de nuevo en mi Hacedor de Milagros, mi Cumplidor de Promesas, la luz en la oscuridad de mi alma. O, mejor dicho, me di cuenta de que él nunca había dejado de ser estas cosas.

Entonces, no te estoy compartiendo una historia que pertenece a alguien más. Te estoy compartiendo mi historia, tal como tú tienes tu propia historia. Mientras descubría que existía una nueva normalidad para experimentar, también me di cuenta de que había una nueva pasión en mi alma, un nuevo sentido de urgencia, y el *porqué* nunca había sido más claro.

Hay otra parte de mi historia que ocurrió en 2015. Ésta también crea una urgencia dentro de mí. Fui invitado a ir a un centro penitenciario de la *Oregon Youth Authority* llamado Hillcrest. Fue una invitación a convivir con algunos de los niños encarcelados ahí. Mientras entré al edificio y vi a los 19 adolescentes frente a mí, y al personal que les estaba rodeando, realmente no sabía qué decirles. Pero encontré un nuevo sentido de urgencia.

Ellos son menores de edad. Algunos no han tomado decisiones sabias; otros fueron atrapados en un sistema del que no deberían haber formado parte y del cual no pueden escapar. Necesitan al Abridor de Caminos, al Cumplidor de Promesas, a la luz en la oscuridad. Me siento privilegiado de tener esta asignación en su Reino, compartiendo con ellos regularmente desde 2015. Dios me ha permitido hacerlo.

Comparto estas historias contigo para ilustrar mi camino de vida transformadora y animarte a descubrir tu asignación en su Reino. ¿Por qué? Porque aunque mi hijo conocía y amaba profundamente al Señor, hay personas de 16 años muriendo sin Cristo. Esta realidad me impulsa a compartir la esperanza y el amor de Dios con aquellos que aún no lo conocen. Porque hay muchos adolescentes encarcelados, necesitando recibir las buenas nuevas de que Jesús los ama, murió por ellos y va a volver por ellos si acuden a él.

¿Qué te da un sentido de urgencia?

Ahora que he compartido unas de mis propias historias, ¿cuáles son algunas de las historias en tu propia vida que te dan un sentido de urgencia? Tal vez fue un accidente terrible en el cual fuiste gravemente lesionado, o la muerte prematura de un compañero de clase en la preparatoria, o un miembro de la familia abandonando la fe, o una noticia que leíste sobre el tráfico humano. Sea lo que sea que ha pasado en tu vida que te enfoque en la eternidad y aumente un sentido de urgencia sobre la eternidad, puede ser usado por Dios para hacerte enfocar en tu Rol en su Reino.

Pero no solo son las tragedias las que despiertan un sentido de urgencia. El poder de la Palabra de Dios impreso en nosotros a través del Espíritu Santo es una manera de hacernos enfocarnos en las necesidades de quienes están a nuestro alrededor y en cómo Dios quiere usarnos a nosotros – ¡usarte a ti!

Hazte estas preguntas y escribe las respuestas en un diario o en el espacio al final de este capítulo:

- Cuando estoy leyendo la Palabra, ¿qué me motiva a hacer?
- Cuando estoy escuchando a mi pastor predicar, ¿qué es lo que más frecuentemente me llama la atención?

- ¿Qué dicen mis mentores espirituales que podría hacer para hacer una gran diferencia?
- ¿Cuáles de los "héroes de la fe" me desafían más? ¿En qué forma?
- ¿Cómo se vería que mis deseos espirituales, mis habilidades y mi trabajo estuvieran alineados?

Ahora revisa tus respuestas y pídele a Dios que te muestre tu Rol en su Reino, porque "La noche está muy avanzada, y se acerca el día" (Romanos 13:12). Esto será significativo cuando comiences a desarrollar tu Plan de Negocios del Reino.

Tal vez no hay mejor historia bíblica para ilustrar lo cerca que está la eternidad que la parábola de el rico y Lázaro en Lucas 16:19-31. Para mí, es un gran texto misionero porque tenemos a dos individuos: un rico, y un pobre. El rico va al infierno y el pobre va al cielo. Hay una conversación entre Abraham, el santo del Antiguo Testamento, y el rico, quien pregunta: "Por favor, ¿podrías mandar a Lázaro (el pobre) a mi familia para hablarles del lugar en el que estoy? Este es un lugar de tormento. Es un sitio de destrucción absoluta. No quiero que ellos vengan aquí. Los amo demasiado como para que experimenten lo que estoy sufriendo". Es fácil ver que el rico estaba viviendo un sentido de urgencia. En este punto él sabía el porqué, pero ya era demasiado tarde para él.

Cada papel en el reino de Dios tiene como objetivo que alguien llegue a conocer a Cristo. Tu Rol en su Reino le importa a Dios y a alguien en esta Tierra. Existen personas que tú puedes alcanzar que yo nunca podría alcanzar, y hay personas que yo puedo impactar que tú jamás podrías impactar. Pero juntos hacemos una diferencia en este mundo mientras descubrimos y vivimos nuestro propio Rol en su Reino.

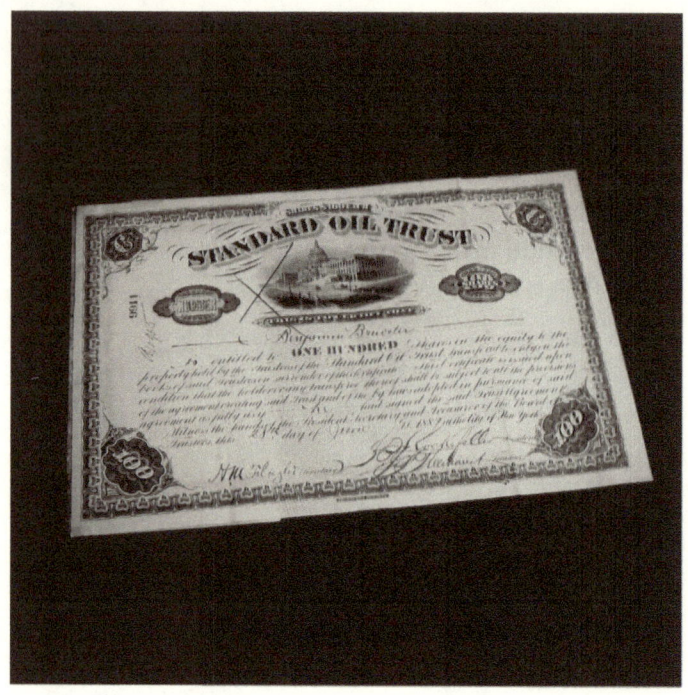

Certificado de acciones de Standard Oil Trust con fecha del 28 de junio de 1887, firmado por John D. Rockefeller y Henry Flagler.

Capítulo 3

EL IMPULSO

||||||||||||||||||||

En su libro, *El Gran Pierpont Morgan*, Frederick Allen cuenta dos veces una historia de la vida de J.P. Morgan. Esto muestra cómo el empresario industrial usó hombres de carácter como IMPULSO en la obra de su vida. Morgan valoró el carácter más que las propiedades, el dinero o "cualquier otra cosa". Él creyó tan firmemente en el carácter que no le prestaba nada a nadie que careciera de él.

El impulso se define como "fuerza que hace moverse a un cuerpo" (Real Academia Española). En el mundo de las finanzas, se refiere a un estímulo provisto por una institución pública, privada o gubernamental con el fin de revitalizar económicamente a una empresa o comunidad.

En relación a mi Rol en su Reino, yo pienso en el impulso como la multiplicación de lo que de otra manera no podría hacer. Ahora, ¿cómo funciona esto? ¿Cómo puedo multiplicar algo que ya va más allá de mi propia habilidad? ¡A través de la presencia y el poder del Espíritu Santo!

Al final del evangelio de Lucas, después de la crucifixión y el entierro de Jesús, él está vivo –resucitado de entre los muertos por el poder de Dios. Mientras él se acerca a la conclusión de su ministerio terrenal, les proporciona instrucciones a sus discípulos: "Ahora voy a enviarles lo que ha prometido mi Padre, pero ustedes quédense en la ciudad hasta que sean revestidos del poder de lo alto" (Lucas 24:49).

¿Qué rayos significa esto y cómo se ve ser "revestidos del poder de lo alto"? ¿Puedo ser revestido del poder de lo alto? ¿Tú también puedes? ¿Todo el pueblo de Dios puede ser revestido del poder de lo alto?

Sí, cada hijo de Dios es revestido con poder de lo alto. La conversión no solo significa recibir salvación en Jesús, también incluye a Jesús mandando a su Espíritu Santo para habitar en ti. El Espíritu Santo se deposita en nosotros como Consolador, Consejero, Maestro, Guía, Convencedor, y nos reviste de él mismo.

Tu Rol en su Reino requiere más que tu talento natural, tus habilidades desarrolladas o tu experiencia adquirida. Requiere ser revestido del poder de lo alto – el Espíritu Santo dirigiendo tu vida por dentro hacia afuera.

Pensando en el impulso

Una característica única del impulso en el reino de Dios es que no importa cuánto *nosotros* tengamos, sino cuánto él tiene. El impulso terrenal depende de los recursos: el dinero, el poder, la posición social. El impulso en el reino depende de tu disponibilidad, tu obediencia y la voluntad de Dios. Piensa en lo que Santiago escribió:

> *Ahora escuchen esto, ustedes que dicen: «Hoy o mañana iremos a tal o cual ciudad, pasaremos allí un año, haremos negocios y ganaremos dinero». ¡Y eso que ni siquiera saben qué sucederá mañana! ¿Qué es su vida? Ustedes son como la niebla que aparece por un momento y luego se desvanece. Más bien, debieran decir: «Si el Señor quiere, viviremos y haremos esto o aquello». Pero ahora se jactan en sus fanfarronerías. Toda esta jactancia es mala. Así que comete pecado todo el que sabe hacer el bien y no lo hace. (Santiago 4:13-17)*

No es nuestra planificación lo que nos da impulso. Tampoco lo hace nuestra sabiduría.. Para aquel que está revestido del Espíritu Santo, saber y hacer la voluntad de Dios es lo que le provee el impulso para cumplir su Rol en el Reino.

Piensa en el niño (a quien el apóstol Andrés llama "muchacho") quien, de entre más de 5,000 personas, ¡fue el único que pensó en llevar comida consigo! Jesús tomó los 5 panes y los dos peces, los multiplicó y alimentó a la muchedumbre. El muchacho no tenía ninguna influencia. Lo único que él podía haber hecho sin Jesús fue simplemente comer su almuerzo.

Pero como acto de obediencia, le dio su comida a los discípulos, quienes la trajeron a Jesús quien hizo un milagro. El joven impulsó el milagro a través de su obediencia, pero no fue su poder lo que hizo el milagro, sino el poder de Jesús. El niño cumplió su Rol en el Reino y Jesús alimentó una multitud.

Impulso para el pueblo de Dios no se trata de lo que podemos hacer en nuestras fuerzas, sino de lo que él hace con sus fuerzas a través de nosotros. Es lo que ocurre cuando lo que tenemos en nuestras manos está puesto en las manos de Jesús. Entonces él lo multiplica y nos lo devuelve para administrar.

Muchas personas pueden crear el impulso

Soy del Valle Willamette en Oregon. Vivo en la región Salem-Keizer, y es un lugar bonito. Hay una carretera que pasa por la montaña Hood. (Puedes buscarlo en Google si quieres verlo).

Un día mi esposa y yo estábamos regresando del centro de Oregon por la montaña Hood en la carretera 26. Estábamos en la zona boscosa pero todavía no habíamos llegado a la montaña. El carro frente a nosotros se paró de repente y nos dimos cuenta de que un árbol abeto douglas se había caído de un lado del camino al otro, bloqueando el paso de los dos lados. Los abetos de douglas son muy altos y grandes por naturaleza. Este no era especialmente grande, pero era más que suficiente para bloquear el camino.

Algo que usualmente aplica en el estado de Oregon es lo siguiente: si tienes una fila de carros y camiones subiendo la montaña desde el centro de Oregón hacia el Valle de Willamette, lo más probable es que alguien vaya a tener una motosierra. Incluso, más de una persona. Las motosierras son muy comunes en Oregon, ya que hay tanta madera que cortar. Pensaba que seguramente habría alguien en ese embotellamiento con una motosierra, ¡pero nadie traía una!

En dirección a la que nos dirigíamos, éramos el segundo carro parado frente al árbol. Salí del carro, evalué la situación y busqué al otro lado del árbol dónde más carros estaban empezando a formarse. Más personas salieron de sus carros para observar las circunstancias y comenzaron a preguntar, "¿Qué vamos a hacer?"

Un individuo sugirió que llamáramos a la policía estatal. Yo dije, "No pienso que vaya a funcionar; estaremos aquí por horas antes de que ellos lleguen. ¿Por qué no lo movemos nosotros?"

Había mucha gente que pensaba que yo estaba loco, y tal vez era cierto, pero yo pensaba que si podíamos conseguir una cantidad suficiente de ayudantes, podríamos sacar el árbol del camino.

Entonces empecé a preguntarles a las personas: "¿Estarías dispuesto a trabajar hombro a hombro para tratar de sacar este abeto de douglas de la carretera?"

Como no teníamos un líder real, decidí serlo ese día, animando a la gente a formarse de un lado del árbol al otro. Cuando di la orden para nuestro primer intento a moverlo, nada sucedió. No lo podíamos desplazar en absoluto. Recuerda, era un árbol bastante grande. Así que esperamos unos minutos para que más personas llegaran, hasta que habíamos llenado lo largo del árbol con personas paradas hombro con hombro. Dimos la orden, "Avancen... Avancen... Avancen..."

Lento pero seguro, centímetro por centímetro, empezamos a mover ese árbol de la carretera a la orilla. Cuando terminamos, había un aplauso y celebración que no creerías. Se escuchaba como si hubiéramos visto a nuestro equipo ganar la Copa del Mundo.

Fue verdaderamente increíble, una experiencia poderosa. Nunca olvidaré el día que quitamos el abeto de douglas de la carretera sin tener una motosierra. Sin la ayuda de la policía, de un buldózer o de una grúa, logramos mover ese árbol. ¿Por qué? Porque estábamos uno al lado del otro trabajando como uno sólo. Esto es el poder del impulso.

La lección para nosotros en esto es que el impulso no simplemente se trata de lo que *yo* puedo hacer para el reino de Dios, sino de lo que *nosotros* podemos hacer. Es como con los ingredientes de un pastel o una galleta. Necesitas todos ellos para que la receta funcione. Si olvidas uno, lo vas a saber. Si sustituyes la sal por el azúcar, ¡va a ser increíblemente obvio!

Necesitamos tener todos los ingredientes, y estos son nuestros papeles en conjunto en el reino de Dios. Nuestros papeles, trabajando juntos, parándose el uno al lado del otro, escuchando el mandato de Dios diciendo "muévete para la derecha", "muévete para la izquierda", "quédate ahí", "adelántate", "retírate", "todos juntos", "como uno solo". Esto es el impulso.

La unidad como testigo

Es importante que trabajemos juntos mientras cumplimos nuestro Rol en su Reino porque la unidad es un testigo del reino de Dios. Nosotros vivimos tiempos polarizados. Las personas están una en contra de la otra por incontables razones. El extremismo político es más intenso que nunca. ¡La sociedad necesita ver al pueblo de Dios unido!

En Marcos 8:11-13 leemos, "Llegaron los fariseos y comenzaron a discutir con Jesús. Para ponerlo a prueba, le pidieron una señal del cielo. Él lanzó un profundo suspiro y dijo:[a] «¿Por qué pide esta generación una señal milagrosa? Les aseguro que no habrá ninguna señal». Entonces los dejó, volvió a embarcarse y cruzó al otro lado."

Tanto hoy como en aquel entonces, la gente busca una señal de que algo es real. ¿Les puedes culpar? En un mundo dividido la unidad puede ser un testigo de la obra de Dios. Les hace falta ver que hemos sido tocados por Jesús para que podamos hacer una diferencia eterna en sus vidas. Las personas de este mundo están queriendo ver que las amamos, que Dios es real, que Jesús vive, que sus promesas son verdaderas y que el cielo está disponible para ellos a través de Jesucristo.

El mundo está esperando que el cuerpo de Cristo se una hombro a hombro. Yo creo que esto es lo que Dios quiere hacer en su pueblo: unir Roles en su Reino. No para la individualidad, no para que alguien se vuelva super estrella, sino para que nos paremos uno al lado del otro, impulsando su poder a través de nosotros y moviendo montañas para el reino de Dios.

*Esta moneda conmemora la primera piedra colocada en la Hague
Conference de 1907 hacia el Peace Palace, cumplido en 1913.
Carnegie donó $1.5 millones de dólares, el equivalente a $50
millones de dólares hoy en día.*

Capítulo 4

LA MAYORDOMÍA

IIIIIIIIIIIIIIIIIIIIII

Estos ejecutivos del sector industrial tuvieron una gran influencia en varias esferas. J.P. Morgan, por ejemplo, tuvo un tremendo impacto en la ciudad de Nueva York. Claro que él tuvo influencia alrededor del mundo, pero fue a través de su iglesia local, la Iglesia Episcopal de San Jorge, que logró tener un mayor impacto. Él quería hacer una diferencia en su ciudad y lo hizo.

Morgan tuvo los medios para impactar a través de sus riquezas. Compró por primera vez luces para su iglesia. Hizo arreglos para la construcción de un gimnasio en el sótano para la diversión de los adolescentes de la congregación. Era el primero de su tipo. ¡Vaya que fue un pensador revolucionario! Una persona que creía en lo imposible. Esto era J.P. Morgan.

Él construyó instalaciones para que las mujeres y los niños pudieran escapar del calor del verano. También edificó un hogar para niños descarriados. Al lado de su pastor, dirigió muchos proyectos para cambiar la ciudad de Nueva York. Él entendió el poder de la influencia mientras administraba lo que Dios le había encomendado. Pero no sólo fue su dinero, también fue su testimonio.

Además de todas las maneras en las cuales él ministró en su iglesia local, J.P. Morgan estuvo a cargo de la junta nacional trianual de la iglesia episcopal en 1889. Se encargó de la comida, de los asientos y del comité del Libro de Oración Común. También estuvo a cargo de la logística y se aseguró de que cada asistente de todo el país tuviera un asiento asignado. Todo esto fue su responsabilidad.

Este gran barón estadounidense de las finanzas ayudó a personas con comida y con encontrar una silla y alojamiento durante las tres semanas que duró la convención. . Morgan no lo hizo porque se lo pidieran, sino porque se sintió llamado a hacerlo. Era parte de su Rol en su Reino.

Considerando todo esto , podemos ver la mayordomía de Morgan en cinco áreas: la influencia, el tiempo, el talento, el testimonio y los recursos.

Piénsalo así: nuestros pensamientos están relacionados con nuestra cabeza y nuestras creencias están relacionadas con nuestro corazón. Entonces, con tu cabeza piensa en lo que haces con tu tiempo, luego con tu corazón piensa en cómo usas los talentos, y cómo gastas los recursos que Dios te ha dado. Estas cosas juntas se vuelven tu testimonio de cómo Dios transforma tu vida para sus propósitos del reino.

Influencia

Nuestra influencia es mayor de lo que pensamos. Hay personas observándonos y escuchándonos, incluso sin darnos cuenta. Por eso, nuestra asignación en el Reino es crucial. Podemos hacer una diferencia en la vida de otros. Subestimar el poder de nuestra influencia significa perder oportunidades para que Dios actúe a través de nosotros y toque la vida de aquellos que nos rodean.

Una parábola prominente en la que Jesús enseñó sobre el reino de Dios se encuentra en Lucas 14:16-24.

> *Jesús contestó:*
> *—Cierto hombre preparó un gran banquete e invitó a muchas personas. A la hora del banquete mandó a su siervo a decirles a los invitados: "Vengan, porque ya todo está listo". Pero todos, sin excepción, comenzaron a disculparse. El primero dijo: "Acabo de comprar un terreno y*

tengo que ir a verlo. Te ruego que me disculpes". Otro indicó: "Acabo de comprar cinco yuntas de bueyes y voy a probarlas. Te ruego que me disculpes". Y otro alegó: "Acabo de casarme y por eso no puedo ir". El siervo regresó y le informó de esto a su señor. Entonces el dueño de la casa se enojó y ordenó a su siervo: "Sal de prisa por las plazas y los callejones del pueblo y trae acá a los pobres, a los lisiados, a los ciegos y a los cojos". "Señor —dijo luego el siervo—, ya hice lo que usted me mandó, pero todavía hay lugar". Entonces el señor respondió: "Ve por los caminos y las veredas, y oblígalos a entrar para que se llene mi casa. Les digo que ninguno de aquellos invitados disfrutará de mi banquete".

Enfócate en cómo la influencia es usada en esta parábola: el hombre mandó a su siervo a traer a los que habían sido invitados al banquete. Cuando cada uno ofreció su excusa, el siervo fue a los que no tenían posición social, estuvieran dónde estuvieran, y les *obligó* a ir al banquete.

Aquí es fácil ver la urgencia también. El anfitrión —que representa a Dios— espera que sus siervos hagan lo que él mande, utilizando toda su influencia e impulso para convencer a la gente a entrar en su reino. Ir por las plazas y callejones para llamar a la gente a venir a Jesús requiere una reevaluación de prioridades en nuestras vidas espirituales. Es una revaloración de nuestro talento, tiempo, recursos e influencia para encajar con nuestro Rol del Reino.

Tal vez ahora puedas ver cómo tu testimonio es el resultado de vivir La Vida Transformadora que afecta cada aspecto de tu vida. Tu cabeza, tu corazón y tus manos juntos están administrando tus recursos e influencia, compartiendo el evangelio con otros. Los que están involucrados en negocios lo comparten con su actividad empresarial. Los que forman parte de la comunidad artística lo hacen a través de su arte. Los que trabajan en la industria lo comparten por ese medio. Los que están en el mundo de la educación lo comparten a través de medios académicos e intelectuales. Pero, sin duda, todos juntos estamos siendo usados por Dios.

En 1 Corintios 12, la Bíblia habla de los dones espirituales. Cada creyente tiene un don espiritual. Es importante que entendamos que Dios nos da estos dones para multiplicar nuestro Impacto en su Reino. No solo tenemos un Rol en su Reino, sino también tenemos un don espiritual que nos empodera para cumplirlo. Nota lo que dice en los versículos 4-7: "Ahora bien, hay diversos dones, pero un mismo Espíritu. Hay diversas maneras de servir, pero un mismo Señor. Hay diversas funciones, pero es un mismo Dios el que hace todas las cosas en todos. A cada uno se le da una manifestación especial del Espíritu para el bien de los demás."

Encima de 1 Corintios 12, Paul también alista dones espirituales en Romanos 12:4-8. Luego, en 1 Pedro 4:7-11, leemos:

"Ya se acerca el fin de todas las cosas. Así que, para orar bien, manténganse sobrios y con la mente despejada. Sobre todo, ámense los unos a los otros profundamente, porque el amor cubre muchísimos pecados. Practiquen la hospitalidad entre ustedes sin quejarse. Cada uno ponga al servicio de los demás el don que haya recibido, administrando bien la gracia de Dios en sus diversas formas. El que habla, hágalo como quien expresa las palabras mismas de Dios; el que presta algún servicio, hágalo con la fortaleza que Dios le proporciona. Así Dios será en todo alabado por medio de Jesucristo, a quien sea la gloria y el poder por los siglos de los siglos. Amén."

¡Es fácil ver cómo algunos cristianos están muy entusiasmados por los dones espirituales! Dios nos da dones y él espera que los usemos para su gloria. ¡La influencia que tenemos cuando el Espíritu Santo usa el don o los dones en nosotros puede ser poderosa!

Pero hay una advertencia. Los dones pueden volverse una fuente de orgullo, llamando la atención a nosotros en lugar de a Dios. Es por esta razón que Pablo nos recuerda en 1 Corintios 13 que todos los dones son inútiles sin el amor. Cuando nuestro Rol en su Reino está impulsado por nuestro don espiritual, podemos experimentar un mover tremendo del Espíritu, y si realmente viene del Espíritu estará empapado de amor.

El amor tiene que permear nuestro rol, incluyendo nuestros dones espirituales, a lo largo de nuestra vida. La gente necesita ver el amor de Dios a través de nosotros. Nuestro Rol en su Reino debería llevarnos a una posición de humildad. Saber que Jesús nos amó nos ayuda a amar a otros. "Nosotros amamos," nos dice Juan, "porque él nos amó primero" (1 Juan 4:19).

Poniéndolo en contexto

Lo que estoy haciendo aquí es poner nuestro Rol en su Reino en contexto, tratando de mostrar cómo funciona con cada persona. Nuestro Rol en su Reino está diseñado específicamente para nuestros dones, experiencias y el llamado que Dios tiene para cada uno de nosotros. El Rol que cada persona tiene en su Reino se va a ver diferente; eso no solo está bien, sino es lo que Dios tenía planeado.

Yo pastoré una iglesia por varios años. Durante mi tiempo ahí, hicimos varias campañas para levantar fondos para las instalaciones. Mientras estábamos en medio de una de ellas, nos topamos con pared ya que no teníamos fondos suficientes. Estábamos desesperados por más dinero para continuar con el proyecto. Como resultado, para ahorrar unos dólares, algunas personas hacían cosas adicionales en nuestras instalaciones. Una de mis responsabilidades "adicionales" fue limpiar el santuario antes del domingo.

Un día mientras limpiaba, noté que había un pedacito de papel en el altar. Fue un sobre. Lo tiré en el basurero, junto con todas las otras hojitas que encontraba por ahí. Había un poco de todo, desde algunas personas escribiendo en sus boletines o sobres de ofrenda, hasta casi cualquier tipo de trozo de papel.

¿Un envoltorio de dulce? Es asombroso lo que ocurre durante un sermón.

Mientras tiraba la basura, el Señor me habló literalmente y dijo: "Tiraste algo que no debías haber tirado". Dios me había hablado muchas veces específicamente en ese lugar; él ha sido tan cercano a mi. Pensaba, *es muy raro que diga esto* . Él me dijo: "Vuelve al basurero". Volví. Me dijo: "Saca ese sobre. Quiero que lo abras". Lo hice, ¡y dentro encontré un cheque por la cantidad exacta que se necesitaba para que continuáramos el proyecto! No diré cuánto dinero era, pero fue un número tan grande que nadie se tomaría el atrevimiento de tirarlo. ¡Por lo menos así defino yo un cheque de seis dígitos!

Dónde sea que Dios nos coloque con nuestros Roles en su Reino, nuestro deber es convencer a la gente a través de nuestro testimonio a entrar al redil, a entrar a la presencia de Dios, a invitar a Jesús a su vida y aceptarle en sus corazones como Dios y Salvador, y experimentar la presencia de Dios de una manera profunda. Sabemos que hay muchas personas que no experimentan la paz de Dios, pero la Biblia dice en Filipenses 4:6-7: "No se preocupen por nada; más bien, en toda ocasión, con oración y ruego, presenten sus peticiones a Dios y denle gracias. Y la paz de Dios, que sobrepasa todo entendimiento, cuidará sus corazones y sus pensamientos en Cristo Jesús."

Vivimos tiempos en los cuales muchas personas están ansiosas. Las malas noticias les consumen, y sus corazones y mentes están en una turbulencia constante. Como consecuencia, a nuestras comunidades, a nuestra nación y a nuestro mundo les falta paz. Mientras vivimos nuestro Rol en su Reino traeremos la paz de Dios, esta paz de Jesucristo, a otros. Recuerda que en Juan capítulo 20 él dice: "La paz les dejo; mi paz les doy".

La influencia en ti y tu influencia en otros

Antes de concluir este capítulo, quiero que pienses en la persona en tu vida que tuvo la influencia más positiva en ti. A lo mejor un padre, un maestro, un pastor, un amigo, un mentor, un jefe o incluso un hermano. ¿Por qué le hiciste caso? ¿Qué te hizo querer poner en práctica las cosas que te enseñaron o mostraron?

Es muy probable que hayas sabido que te aman. También te diste cuenta en algún momento de que realmente querían ayudarte. Mientras observabas su vida,sin duda viste algo que te impactó tanto que lo querías en tu propia vida. Para la mayoría de nosotros, la persona que tuvo la influencia más positiva tomó su tiempo, era intencional, paciente y, a menudo, nos amó profundamente.

Si una persona así te influyó, es todo lo que vas a necesitar para que tú influyas a otros. Tu Rol en su Reino, impulsado por su don espiritual, hará su máximo impacto cuando uses tu influencia en la vida de los demás de la misma manera en la cual tú fuiste influenciado.

Mientras todos nosotros administramos nuestro Rol en su Reino en un nivel local, veremos un impacto global para el reino de Dios.

Esta pieza de acero es un corte del primer acero proveniente del alto horno Bessemer el 26 de agosto de 1875 a las 5:45pm.

Capítulo 5

EL TIEMPO Y LA CABEZA

||||||||||||||||||

John D. Rockefeller estuvo en la iglesia cada domingo. Descansó el sábado. Aquí tenemos al hombre de negocios que construyó la industria más grande de sus tiempos, *Standard Oil*, pero apartó uno de cada siete días para estar con Dios. Uno de cada siete días para estar con su familia en oración. Uno de cada siete días para estar en la iglesia, enseñar, estudiar y aprender.

Tenemos algo que aprender de los industriales empresariales. En su época de la historia estadounidense, ellos eran los mejores y más grandes de sus industrias.

Entender cómo vivieron nos ayudará a vivir cómo deberíamos ante Dios. También puede que nos enseñen que cumplir nuestro Rol en su Reino no se trata de agregar otra cosa a nuestra agenda llena, sino de vivir una vida transformadora que hace nuestro Rol en su Reino el flujo normal de nuestras vidas.

Muchas personas –quizá tú eres una de ellas– usan algún tipo de sistema para administrar el tiempo con el fin de ayudarlos a ser más eficientes. Ya sea que uses uno o no, es esencial que constantemente recordemos nuestra necesidad de tomar en serio nuestro tiempo en esta tierra. Los cristianos tenemos vida eterna, pero nuestros días aquí son limitados. Según el salmista, el tiempo que se nos ha dado es "breve" (Salmo 39:5). ¿Cómo vas a invertir tu tiempo? Porque así es cómo vas a pasar tus días y tu vida.

Lo que importa más

Como parte de mi Rol en su Reino, hace algunos años, Dios abrió la puerta para que yo pasara tiempo en la *Oregon Youth Authority* (un centro de corrección juvenil), algo que continúo haciendo hasta la fecha. Soy voluntario y normalmente voy una vez por semana. Si estoy teniendo un mal día, voy a sus instalaciones. Si quiero ser animado, hago lo mismo. Si quiero sentirme alentado, voy y me pongo en el círculo de estos adolescentes.

Entre 2016-2019, tuve el privilegio de bautizar a 272 de los adolescentes que están ahí. Un día estaba bautizando siete de ellos. Durante el bautismo no hay otros espectadores y no es permitido que los otros adolescentes observen. Todos se mantienen separados por motivos de seguridad. Sin embargo, por alguna razón, fue permitido que uno de ellos viniera y viera a otros ser bautizados. Yo no sabía por qué, definitivamente no era la política normal. De todos modos, él estaba presente y yo no tenía problema con eso.

Bauticé a estos adolescentes, uno trás otro, desde el primero hasta el séptimo. Cuando el último salió del agua, los otros seis y el personal aplaudieron tal como habían hecho con los otros seis. Mientras subía las escaleras se le dio una toalla y al tiempo que se secaba, el niño que estaba observando todo se puso de pie, se acercó rápidamente y se lanzó directamente al agua. Bueno, ¡esto puso al personal de la correccional en estado de máxima alerta! Él se paró frente a mí y dijo: "Aquí mismo, ahora mismo".

Respondí: "¿Cómo?"

Él contestó: "Quiero que Jesús esté en mi corazón en este momento y también quiero ser bautizado". Llevé a este joven a Cristo ahí en el agua y en cuanto recibió a Cristo, lo bauticé.

Fue como una recreación de la historia de Felipe y el etíope eunuco de Hechos 8 en una piscina para bautizar de la *Oregon Youth Facility*. ¡Qué alegría!

Ya sea en un centro de corrección juvenil, un sitio de trabajo, tu iglesia local, un refugio para indigentes, una despensa de alimentos o un viaje misionero internacional, la pregunta para todos nosotros es: ¿cómo vamos a usar el tiempo que Dios nos ha dado? ¡La razón para identificar tu Rol en su Reino y para dar tu tiempo, talento, recursos e influencia es porque todos nosotros tenemos tiempo limitado en la Tierra!

Esto es lo que dicen las Escrituras en Efesios 5:15-16: "Así que tengan cuidado de su manera de vivir. No vivan como necios, sino como sabios, aprovechando al máximo cada momento oportuno, porque los días son malos."

¿Alguna vez has pensado en cómo usas tu tiempo? ¿Te das cuenta de lo rápido que pasa la vida? Cualquiera que llegas a conocer que esté en sus setentas u ochentas te dirá lo mismo: "El tiempo es oro" es más que una simple lema. Es la realidad de la vida en la Tierra. Los segundos pasan, las horas también. Los días vienen y se van, las páginas del calendario son arrancadas y nada puede detenerlos.

Es precisamente porque el tiempo es oro que debemos aprovechar de cada momento. Nuestro Rol en su Reino depende de nuestro entendimiento de cómo administrar nuestro tiempo. En Eclesiastés 9:10 leemos:

"Y todo lo que te venga a la mano, hazlo con todo empeño; porque en los dominios de la muerte, adonde te diriges, no hay trabajo ni planes ni conocimiento ni sabiduría." En otras palabras, haz lo que puedas ahora porque no vas a poder hacer nada después de que mueras. Luego vienen las palabras de Jesús: "Mientras sea de día, tenemos que llevar a cabo la obra del que me envió. Viene la noche cuando nadie puede trabajar" (Juan 9:4).

Nadie sabe cuando ya no vaya a poder hacer algo por el Señor. No podemos prever una enfermedad debilitante, un choque de carro seguido por cirugías múltiples, o algún otro impedimento para servir como lo hacíamos antes. Además, no sabemos cuando nuestro Rol en su Reino acabará, así que queremos estar totalmente comprometidos con Dios desde el principio.

Ahora es el momento para hacer nuestro mejor esfuerzo y dar lo mejor de lo que tenemos a la obra del Señor. Cada persona cuenta; cada individuo le importa a Jesús. Nosotros somos finitos y humanos, y hay un límite de lo que podemos hacer cada día. Como resultado, tenemos que aprovechar el tiempo que tenemos de la mejor manera que conocemos.

El uso de nuestro tiempo

La Biblia indica que los días cercanos a la segunda venida de Cristo serán como los tiempos de Noe. ¿Y qué estaba sucediendo en los tiempos de Noé? La gente estaba ocupada y preocupada, e ignoraba a Dios. La vida seguía normal. ¿Hay alguna diferencia hoy? No, la vida sigue normal. La vida es ocupada y llena. Tenemos el tiempo muy limitado. Entonces es importante que averigüemos cómo administrarlo, que determinemos qué es lo que más importa y que no pasemos por alto nuestro Rol en su Reino, asegurándonos de que sea una parte importante de todo lo que hacemos diariamente.

Uno de los motivos por el cuál hacemos este viaje juntos es para que podamos animarnos los unos a los otros a mantenernos involucrados en nuestro Rol en su Reino y no tener un lapso de tiempo. Es por esta razón que recomendamos hacer este viaje con amigos, familia, hermanos de la iglesia o compañeros de trabajo. Lo hacemos para no desanimarnos, rendirnos y decir que ya no vamos a participar.

¿Qué pasaría si todo cristiano descubriera su Rol en su Reino y se comprometiera a ayudar por lo menos a una persona cada día? Me desafíe a mí mismo con el mismo reto con el que desafiaba a la congregación en la que serví por muchos años: cada uno alcanza a uno. Cuando apoyas a por lo menos a una persona por día a lo largo de un año vas a impactar la vida de 365 personas. Esto es profundo y profético: es alentador y transformador. Déjame retarte a preguntarte todos los días: ¿cómo puedo multiplicar mi influencia hoy? No en veinte años, sino hoy. Este día.

La vida transformadora se trata de un cambio en el corazón que, a su vez, produce un cambio en la vida. Ninguno de nosotros queremos llegar al final de un día y decir: "malgasté este día". No, queremos sacarle el máximo provecho. Queremos que cosas buenas pasen en nuestro día. Queremos que cosas ocurran que sean eternas, que hagan una diferencia en las vidas de los demás, cosas que cuenten para la eternidad. Ya es hora. Hoy es el día de salvación.

La Biblia hace clara la invitación de Dios. El versículo más conocido en todas las Escrituras es Juan 3:16: "Porque tanto amó Dios al mundo que dio a su Hijo único, para que todo el que cree en él no se pierda, sino que tenga vida eterna." El último libro de la Biblia, Apocalipsis, contiene unas de las palabras más bonitas y preciosas de toda la Escritura: "El Espíritu y la novia dicen: «¡Ven!»; y el que escuche diga: «¡Ven!». El que tenga sed, venga; y el que quiera, tome gratuitamente del agua de la vida" (22:17).

Al vender Carnegie Steel a US Steel el 1 de marzo de 1901, la primera prioridad de Carnegie fue fundar bibliotecas en la ciudad de Nueva York. Su regalo de $5.2 millones fue el comienzo para la creación de las primeras 65 bibliotecas de Carnegie.

Capítulo 6

EL TALENTO Y LAS MANOS

||||||||||||||||||||

Todo el mundo tiene un talento, una destreza o habilidad natural. Para muchas personas, un talento particular es revelado desde temprana edad. Un niño pequeño demuestra una coordinación mano-ojo avanzada y sobresale en béisbol, softball o tenis. Otro muestra un "oído para la música" y se distingue de los otros niños en el piano o la guitarra.

Otras personas no parecen tener un talento específico cuando son niños pero lo descubren de adultos. Una mujer encuentra, en la segunda mitad de su vida, una habilidad para escribir novelas y un hombre halla la destreza de correr distancias largas con menos entrenamiento que los otros de su edad.

Ya sea que tu talento sea físico o mental, todos poseen una habilidad que puede ser usada para cumplir su Rol en su Reino. Los cristianos deberían pensar en sus talentos menos como una destreza natural y más como algo dado por Dios. Es un regalo de Dios para ti que no necesariamente es un don espiritual.

Yo soy uno de los que diría que no soy muy bueno para muchas cosas. No puedo cambiar el aceite en mi carro. Lo intenté...una vez. ¡No lo voy a volver a intentar! Fue una experiencia horrible.

Pero algunos de ustedes pueden hacerlo hasta con los ojos cerrados. No puedo armar nada sin seguir las instrucciones. Otros tienen la mente de un ingeniero y ni siquiera tienen que verlas. Pueden visualizar el producto final en su mente.

La singularidad de estos talentos en combinación con nuestro Rol en su Reino significa que Dios puede usarnos a todos juntos para cambiar el mundo. Nuestras habilidades no son solamente para diversión o para ganar trofeos, sino son maneras en las cuales Dios nos usa para su gloria.

En el Antiguo Testamento leemos sobre la construcción del tabernáculo, sus lados y su parte superior, así como de los muebles y herramientas que los sacerdotes debían usar. En Éxodo 25-30 vemos los increíbles detalles provistos por Dios sobre cómo todo tenía que ser hecho. Después, en el capítulo 31, Dios asignó a Bezalel, Aholiab y "a todos los artesanos" la tarea de construir todo. Dios les dio talentos y luego los llamó a usarlos.

Dios fue muy claro al respecto. Dice. "he escogido" y "he designado" (versículos 2, 6). No fue por accidente, en aquel entonces, que los trabajadores especializados fueron escogidos , y Dios está buscando nuestro trabajo especializado hoy.

He elegido conectar las manos con el talento porque a menudo nuestras manos expresan nuestro talento. Ya sea pintando, tallando, construyendo, escribiendo, lanzando o cualquier habilidad que sea, nuestras manos frecuentemente nos ayudan a llevarla a cabo. Así que cuando piensas en *manos*, piensa en *talento*.

La intervención divina

Cada talento dado por Dios tiene el propósito de capacitarnos para una tarea asignada por Dios. Él no malgasta sus regalos y nosotros no deberíamos hacerlo tampoco. Todo lo que Dios hace lo hace con un propósito, incluyendo si somos buenos en matemáticas matemáticas, si somos buenos oradores, si pintamos retratos, o si tenemos un gran entendimiento de principios de negocios. Es Dios quien está obrando a través de nosotros.

Cuando digo "la intervención divina", realmente estoy hablando de la manera milagrosa en la que él hace su obra en nosotros. No todos los milagros son la separación del Mar Rojo, pero absolutamente todos son una intervención divina. No es solo nuestro talento lo que cumple la obra de Dios; es Dios obrando en nosotros, interviniendo en nuestras vidas para hacer su voluntad.

David era bueno con la honda antes de que se enfrentara a Goliat. Su talento fue perfeccionado y era un cazador hábil. Ya había matado a leones y osos que amenazaron al rebaño de su padre (1 Samuel 17:34-37). Pero incluso el Rey Saúl, quien tenía demasiado miedo como para luchar contra el gigante, reconoció que David necesitaría el apoyo de Dios, diciéndole, "Anda, pues. Y que el Señor te acompañe".

El talento de Sansón fue innato y provisto por Dios. Su fuerza no tenía rival sin importar contra quién peleaba. Cuando, de joven, fue atacado por un león lo despedazó a mano limpia (Jueces 14:5-6). Las Escrituras reportan específicamente que "el Espíritu del SEÑOR vino con poder sobre Sansón". En una sola batalla, armado con nada más que la quijada de un burro muerto, mató a mil hombres (15:15-17). En otra instancia, arrancó las puertas de la entrada de Gaza, junto con sus dos postes, y las llevó en su hombro varios kilómetros hasta Hebrón (16:3).

Otro incidente bien conocido de la vida de Sansón ocurrió en su muerte trágica. Cegado, atado y siendo objeto de burlas, él pidió fuerza de Dios una vez más. Empoderado por Dios, Sansón hizo colapsar las columnas del templo filisteo, causando la muerte de todos los que se burlaban de él (Jueces 16:26-30).

Sansón sirve como una buena lección de que el talento no es suficiente. A pesar de su fuerza sobrehumana, cuando su corazón se apartó de Dios, él ya no pudo depender de su poder divino. Su orgullo fue su perdición y puede ser la nuestra también.

Hasta Jesús, cuyas enseñanzas fueron tan poderosas que la gente decían: "nunca nadie ha hablado como este hombre", dependía del poder del Espíritu Santo – la intervención divina – para completar su Rol en su Reino.

Si los talentos de estos héroes de la Biblia (y otros), además de nuestro salvador, dependían de la intervención divina, ¿cuánto más deberíamos hacerlo nosotros para multiplicar el ministerio de nuestras manos?

El talento en la vida de Rockefeller

En su libro, *John D. Rockefeller, los años de Cleveland*, Grace Goulder escribió que el inversionista petrolero no era un novato en el papel de presidente de la mesa directiva y que había aprendido liderar a hombres mayores que él mismo cuando, como adolescente, fue nombrado presidente del patronato de la iglesia *Erie Street Church*. John sólo era mayor que uno de los directores de la mesa directiva de *Standard*.

Rockefeller tenía un talento inusual que Goulder llama "un arte": él dirigía y gestionaba personas mucho mayores que él. En mi denominación, para servir en la mesa directiva de la iglesia local en la que serví por 35 años, uno tenía que tener por lo menos 21 años. ¡Estoy contento de que el joven Rockefeller no haya asistido a la iglesia que yo pastoreé! Quedaría registrado en la historia como el pastor que falló en utilizar los talentos especiales de un joven Rockefeller debido a una regla denominacional.

Con 20 años, me volví un ministro con licencia en mi denominación , algo que pocos, si acaso, habían logrado en mi generación. Es impresionante pensar en que Rockefeller era más joven que yo como líder de su iglesia. Con certeza, su talento vino del cielo. Más evidencia de que su fe marcó pauta para su futuro en los negocios.

El talento y las manos reflejan la imagen de Dios

La mayoría de los que están leyendo estas palabras saben que Dios creó el cielo y la tierra. ¿Recuerdas cómo Dios lo describió?

En el principio Dios creó los cielos y la tierra. La tierra no tenía forma y estaba vacía, las tinieblas cubrían el abismo y el Espíritu de Dios se movía sobre la superficie de las aguas. Y dijo Dios: «¡Que haya luz!». Y la luz llegó a existir. Dios consideró que la luz era buena y la separó de las tinieblas. A la luz la llamó «día» y a las tinieblas, «noche». Vino la noche y llegó la mañana: ese fue el primer día.

Y dijo Dios: «¡Que haya una expansión en medio de las aguas y que las separe!». Y así sucedió. Dios hizo la expansión que separó las aguas que están debajo de las aguas que están arriba. A esta expansión Dios la llamó «cielo». Vino la noche y llegó la mañana: ese fue el segundo día. (Génesis 1:1-8).

Varias veces más en este capítulo leemos de Dios creando. Dios podía haber hablado y hecho que todo existiera de una sola vez, en una sola palabra. Pero él decidió no hacerlo. Escogió hacerlo a lo largo de seis días.

En cuanto a la humanidad, Dios ni siquiera creó al hombre y a la mujer al mismo tiempo. Dios hizo al hombre (Adán) del polvo del suelo y luego creó a la mujer (Eva) de Adán.

> *Y Dios creó al ser humano a su imagen;*
> *lo creó a imagen de Dios;*
> *hombre y mujer los creó.*
> *Y Dios los bendijo con estas palabras: «¡Sean fructíferos y multiplíquense; llenen la tierra y sométanla; dominen a los peces del mar y a las aves del cielo, y a todos los animales que se arrastran por el suelo!». (Génesis 1:27-28)*
> *Entonces Dios el SEÑOR hizo que el hombre cayera en un sueño profundo y, mientras este dormía, le sacó una costilla y cerró la herida. De la costilla que le había quitado al hombre, Dios el SEÑOR hizo una mujer y se la presentó al hombre, el cual exclamó:*
> *«Esta sí es hueso de mis huesos*
> *y carne de mi carne.*
> *Se llamará "mujer" porque del hombre fue sacada». (Génesis 2:21-23).*

La historia entera de la creación demuestra el poder creativo de Dios.

Entonces, ¿nos debería sorprender que Dios creó a los humanos para ser creativos? ¿Que el talento para crear viene del Creador? Una parte del florecimiento humano consiste en Dios dándonos la capacidad de crear y hacer cosas con nuestras manos. Las personas florecen cuando usan sus talentos para la gloria de Dios.

Piensa en la creatividad de los cinco industriales ocupados en construir su negocio o industria: el desarrollo de la línea de montaje de Ford; el momento oportuno de Vanderbilt al pasar de los barcos transbordadores a los barcos de vapor y luego a los ferrocarriles; la visión de Carnegie para el acero en la construcción; la expansión de Rockefeller de Standard Oil en un conglomerado; el rescate del sistema bancario por parte de Morgan fue solo uno de sus movimientos creativos, junto con el financiamiento de la iniciativa de Edison para electrificar el país, así como el sistema ferroviario.

Abriendo la puerta para tu talento

Cabe aquí una advertencia: el simple hecho de que tengas talento, incluso un gran talento, no quiere decir que la gente vaya a estar interesada en lo que puedes hacer. Si tienes un ceño fruncido o una mala actitud, a pocas personas les va a importar lo bien que tocas la guitarra o elaboras una hoja de cálculo.

He observado a las personas comportarse de varias maneras que resultan atractivas. Veamos tres de ellas: un rostro sonriente, un oído que escucha y una actitud amable.

¿Nos sentimos atraídos por la amabilidad? Yo sí. Me siento atraído por la gente amable. Me siento atraído por las personas que sonríen. ¡No sonrío tanto como me gustaría! Hay algunas personas que sonríen constantemente por su naturaleza.

¿Alguna vez te has sentado con alguien y simplemente escuchado mientras se desahogan de sus preocupaciones o cargas? Y al terminar dijeron: "gracias por ayudarme. No puedo creer lo mucho que esto me ha servido". Me ha pasado y me deja pensando, "pero no dije nada". A veces ni siquiera es necesario hablar. Simplemente estaban buscando a alguien que esté lo suficientemente interesado como para escuchar. Ser buen oyente abre la puerta para que ejercites tu Rol en su Reino.

Y no solo esto. Escuchar también es una manera en la que expresamos amor. Escuchar es amar y amar es escuchar. Jesús habla de esto mismo en Juan 15:12-15:

> Y este es mi mandamiento: que se amen los unos a los otros como yo los he amado. Nadie tiene amor más grande que el que da la vida por sus amigos. Ustedes son mis amigos si hacen lo que yo les mando. Ya no los llamo siervos, porque el siervo no está al tanto de lo que hace su amo; los he llamado amigos, porque todo lo que a mi Padre le oí decir se lo he dado a conocer a ustedes."

¡Qué diferencia podría hacer el cuerpo de Cristo si simplemente sonriéramos, escucháramos y fuéramos amables! Sea cual sea nuestro Rol en su Reino, y sin importar cómo Dios active nuestros talentos para cumplirlo, tenemos que sonreír, escuchar y ser amables.

Nosotros somos sus manos. Somos sus pies. Somos su sonrisa extendida. Yo le diría a una congregación: "Si solamente fuéramos amables, creceríamos 10%. Si sonriéramos, creceríamos otro 10%."

Lo que sucede cuando la gente sonríe, escucha y es amable es asombroso. Si alguien debería ser reconocido por estas cosas, es el pueblo de Dios. Solo imagina cómo se cumplirá tu Rol en su Reino cuando abras puertas con estas tres cualidades.

En 1867, Cornelius Vanderbilt se hizo dueño de este Ferrocarril Central de Nueva York, añadiendo el Ferrocarril del Río Hudson en 1869. Este talón de recibo del 24 de julio de 1874 era para un viaje en el "Ferrocarril Central de Nueva York y el Río Hudson".

Capítulo 7

EL TESTIMONIO Y EL CORAZÓN

Casi todo el mundo hoy en día está familiarizado con el concepto de testimonio. Es una afirmación verbal o escrita del excelente trabajo o la integridad de alguien más. Los encuentras en sitios web, publicidad, libros y carteles. Si quieres promover tu negocio, ayuda que otros te recomienden. Sus recomendaciones vienen en forma de testimonios.

Un *testimonio de un testigo* es similar, pero es lo que dices sobre algo que conoces personalmente. Un testigo en la corte testifica lo que presenció personalmente. El jurado o el juez evalúa la veracidad de los testimonios y los testigos antes de llegar a un veredicto.

Mi programa favorito de niño, y hasta la fecha, fue y es Perry Mason (*El Abogado Perry Mason*). Salió al aire al mediodía en canal 12 en Portland hasta que llegó el cable. Incluso después de su llegada, pienso que seguía estando en canal 12. Nunca sabía quién era el culpable hasta la escena final y a pesar de haber visto los episodios varias veces, eran tan bien escritos que no podía recordar del culpable hasta los últimos minutos. Amaba la parte en la corte en la que se les hacían preguntas a los testigos y daban su testimonio sobre lo que habían observado o escuchado.

Cuando contamos a otros lo que Dios está haciendo en nuestras vidas, estamos dando testimonio. Nuestro testimonio de lo que Dios ha hecho sirve de base para nuestro Rol en su Reino. Cuando hablamos de la vida transformadora, hablamos del pináculo de tu tiempo, tus talentos, tus recursos financieros y tu influencia a través del poder del Espíritu Santo obrando en nosotros. Cada cristiano tiene un testimonio y cada uno de ellos es un milagro. Tu testimonio cuenta de tu experiencia de Jesús y muestra cómo tu tiempo con Jesús puede hacer una diferencia en las vidas de los a tu alrededor. Es una historia íntima de la obra de Dios en ti.

María Magdalena tenía un testimonio tremendo. Ella no solo fue liberada de la posesión demoníaca por Jesús, sino también fue una de las mujeres que vio a Jesús vivo después de su resurrección – ¡incluso antes de los once apóstoles! En su evangelio, Mateo escribe:

> *Después del sábado, al amanecer del primer día de la semana, María Magdalena y la otra María fueron a ver el sepulcro.*
>
> *Sucedió que hubo un terremoto violento porque un ángel del Señor bajó del cielo, se acercó al sepulcro, quitó la piedra y se sentó sobre ella. Su aspecto era como el de un relámpago y su ropa era blanca como la nieve. Los guardias tuvieron tanto miedo de él que se pusieron a temblar y quedaron como muertos.*
>
> *El ángel dijo a las mujeres:*
>
> *—No tengan miedo; sé que ustedes buscan a Jesús, el que fue crucificado. No está aquí, pues ha resucitado, tal como dijo. Vengan a ver el lugar donde estaba. Luego vayan pronto a decirles a sus discípulos: "Él se ha levantado de entre los muertos y va delante de ustedes a Galilea. Allí lo verán". Eso vine a decirles. (28:1-7)*

El evangelio de Marcos nos dice: "Ella fue y avisó a los que habían estado con él, que estaban lamentándose y llorando" (16:10). ¡Qué gran testimonio tenía María! Y aquí viene lo interesante: aunque no le creyeran (versículo 11), ella continuaba proclamando que Jesús había resucitado. ¡La incredulidad de los otros discípulos no hizo que su testimonio fuera falso!

No te preocupes por la gente que no cree tu testimonio sobre el Rol en su Reino que Dios tiene para tu vida. Muchas personas sí creerán y Dios te usará para impactar sus vidas.

Pedro y Juan eran dos de los que fueron llamados por Jesús al principio de su ministerio. También vieron a Jesús después de su resurrección y en Juan 21 leemos de uno de estos casos. Estaban pescando cuando Jesús les llamó a la playa para una comida. Imagino que en gran parte todo estuvo maravilloso. Pero hay una conversación en la que de alguna manera los discípulos entendieron (o malentendieron) que Juan, el discípulo amado, iba a recibir una bendición que ningún otro recibiría. Parecía que él simplemente ascendería para estar con Jesús sin tener que pasar por el dolor, el sufrimiento y la muerte. Esto le molestaba a Pedro, quien dijo algo al respecto a Jesús.

La respuesta de Jesús fue: "Si quiero que él permanezca vivo hasta que yo vuelva, ¿a ti qué? Tú solo sígueme" (Juan 21:22). Jesús hizo claro para Pedro que lo que fuera a pasar o no pasar a Juan realmente no era asunto suyo. Pedro tenía su propio llamado de seguir a Jesús.

El testimonio de todos los que aceptan su Rol en su Reino será distinto. Algunas personas ganarán y donarán mucho dinero, otros no. Algunos llevarán a muchos a Cristo, otros solo unos pocos. Algunas personas tendrán influencia con hombres y mujeres de negocios exitosos, otros nunca se relacionarán con la clase alta.

Pero todos nosotros tenemos nuestro papel, nuestro lugar en la actividad de Dios en el reino. El autor de Hebreos dijo que debemos correr "con perseverancia la carrera que tenemos por delante" (12:1). Todos tenemos una carrera, pero no es la misma para todos. Algunos están corriendo, algunos manejando, otros van caminando y otros vuelan. ¡No puedo correr la carrera que tengo por delante si estoy anhelando correr la carrera de otro! Mi Rol en su Reino me mantiene enfocado en mi propia prueba.

Ahora es el momento de hacer un inventario de las personas y circunstancias que nos molestan, y las cosas que no están bien en la vida. Podemos perder mucho gozo. Y mucho sueño. Podemos perder mucha alegría. Perdemos si pasamos nuestro tiempo observando lo que otros tienen que nosotros no tenemos. Podemos invertir mucho tiempo enfocados en las vidas y situaciones de otros de las cuales no sabemos la historia completa. Y podemos perder lo que nuestra historia podría ser y también nuestra oportunidad de decir a otros de una manera humilde: "¡Alabado sea Dios! Tengo un Rol en su Reino!".

Yo oro por que, si hay una persona o circunstancia preocupándote, tomes en serio las palabras de Jesús a Pedro: "¿a ti qué?" No permitas que te moleste. Dios te tiene un Rol en su Reino. No estés afectado o distraído por otros. No estés irritado o seas envidioso de lo que otros están logrando. Recuerda, el enemigo quiere robarte el gozo de conocer a Dios al hacernos pensar que no tenemos nada que ofrecer cuando, de hecho, sabemos que Dios nos ha dado un Rol en su Reino.

Un Plan de negocios del reino

Tengo un Plan de Negocios del Reino. Es un plan por el que sirvo al Rey de Reyes y Señor de Señores. Me recuerda cómo Dios me ha bendecido en lugar de compararme con otras personas. La Bíblia es abundantemente clara sobre esto. Es una de las razones por las cuales Dios incluyó la codicia en los 10 mandamientos. ¿Recuerdas el último mandamiento? No codicies la casa de tu prójimo, ni codicies su esposa, ni su esclavo, ni su esclava, ni su buey, ni su asno, ni nada que le pertenezca»(Éxodo 20:17). Codiciar es expresar insatisfacción con Dios al pensar que de alguna manera estamos siendo robados de una bendición. ¡No hemos sido robados! No, hemos sido salvos. Hemos sido llamados. Hemos recibido un Rol en su Reino.

Un Plan de Negocios del Reino es una herramienta para ayudar a los cristianos a descubrir, desarrollar, dedicar, discernir e implementar su Rol en su Reino hasta que se vuelva tan natural y normal que sea común. Le da los últimos retoques a los grandes trazos para que conozcas el panorama completo de tu Rol en su Reino. (Vé a la última página del libro para encontrar más información acerca de desarrollar tu Plan de Negocios del Reino).

¿Qué pasaría si miles de cristianos descubrieran su propósito? ¿Qué sucedería si obedecieran a Dios mandándoles a dónde él quiera para hacer lo que él decida? ¿Cómo sería si su cabeza, su corazón, sus manos y su influencia estuvieran alineadas con su Rol en su Reino? Entonces podríamos empezar a observar un movimiento de Dios de esta generación a la próxima y ver a Dios haciendo algo muy especial, tal como ha hecho en otras épocas de la historia. Quiero verlo obrando en hombres y mujeres de negocios en todo el mundo, personas que entiendan su Rol en su Reino, cuyas vidas reflejen el ser usados por el Espíritu Santo.

¿No es impresionante cómo Dios usó a estos cinco industriales quienes muchos autores, escritores y periodistas han odiado y despreciado diciendo que eran los barones ladrones y malvados de su época cuando en realidad ellos tenían un testimonio y un Rol en su Reino? Ellos averiguaron una manera de no estar distraídos por los comentarios de los que no estaban de acuerdo con ellos o a los que no les caían bien, porque tenían su mirada enfocada en Jesús. Tal vez te preguntes cómo lo hicieron.

Yo creo y propongo que sus testimonios impulsaron sus negocios. Sus testimonios determinaron cómo abordaron la vida. Su relación con Dios es lo que hizo la diferencia. Administraron las bendiciones de Dios entendiendo que eran mayordomos.

Preparar y presentar tu testimonio

Si eres seguidor de Jesús, ya tienes lo que muchos llaman un "testimonio de la salvación". Esto es lo que compartirías con alguien que te pregunta cómo llegaste a conocer a Jesús. Muchas personas organizan su testimonio de la salvación alrededor de tres puntos clave:

- Mi vida antes de Cristo
- Cómo llegué a conocer a Cristo
- Mi vida después de Cristo

Esta estructura te permite tocar todos los puntos principales del evangelio usando tu historia personal en vez de predicar un sermón. Nuestra separación de Dios debido al pecado se expresa en *tu vida antes de Cristo*. La necesidad del arrepentimiento y de la fe solo en Jesús, además de las circunstancias que Dios usó amorosamente para llevarte a la salvación, son *cómo llegaste a conocer a Cristo*. Finalmente, las maneras en las que tu vida ha cambiado (amor por la palabra de Dios, la oración, el deseo de ver a otros conocer a Cristo) desde que Jesús te salvó son *tu vida después de Cristo*.

Una vez que una persona escriba su testimonio usando estos tres puntos, normalmente puede ser compartido en 2-3 minutos. Es como un resumen ejecutivo: un resumen de los aspectos más importantes de un proyecto conocido por ser breve, conciso y atractivo. Este tipo de testimonio ha abierto millones de puertas para presentaciones completas del evangelio, y Dios hará lo mismo para ti. Mi recomendación es no invertir más de 30 segundos en hablar de tu vida antes de conocer a Jesús, más o menos 30 segundos en cómo llegaste a conocerlo, y unos dos minutos completos compartiendo lo que ha cambiado en tu vida ahora que sigues a Jesús. Uso este patrón porque Jesús es un Dios, salvador y amigo de ahora mismo.

Ahora piensa en tu Rol en su Reino. Mientras experimentas la vida transformadora, y Dios te muestra tu Rol en su Reino, la tercera parte de tu testimonio –tu vida después de conocer a Cristo– va a incluir elementos de este mismo Rol. En otras palabras, ¡Dios obrando en ti a través de tu Rol en su Reino siempre será una parte de tu testimonio!

Después de preparar tu testimonio, deberías estar siempre listo para presentarlo. Deberíamos aprovechar cualquier oportunidad que Dios nos de para hablar de él. ¡Él siempre merece que le demos gloria! En Hechos 4, Pedro y Juan fueron arrestados por predicar la resurrección de Jesús de entre los muertos. Cuando los líderes religiosos los amenazaron, los dos apóstoles recurrieron a su testimonio:

> Los llamaron y les ordenaron terminantemente que dejaran de hablar y enseñar acerca del nombre de Jesús. Pero Pedro y Juan replicaron:
> —¿Es justo delante de Dios obedecerlos a ustedes en vez de obedecerlo a él? ¡Júzguenlo ustedes mismos! Nosotros no podemos dejar de hablar de lo que hemos visto y oído. (18-20)

"No podemos dejar de hablar de lo que hemos visto y oído". Esto es el impulso interno que un testimonio nos da: ¡tenemos que hablar de Jesús! Tu testimonio se vuelve vivo cuando compartes en la cruz y en la tumba vacía. ¡Nuestro testimonio contiene poder cuando pasamos tiempo con Cristo! De ahí, podemos decir que nuestra misión es estar con Jesús. Nuestro mensaje es un mensaje de gran esperanza.

1 Pedro 3:15 es otro de mis versículos favoritos. Dice: "Más bien, honren en su corazón a Cristo como Señor.

Estén siempre preparados para responder a todo el que pida razón de la esperanza que hay en ustedes. Pero háganlo con gentileza y respeto." De nuevo, estar listo lleva a la esperanza.

Quiero animarte a considerar el poder de tu testimonio por Jesús, y el poder de un testimonio que cuenta la historia de haber aceptado tu Rol en su Reino. Las historias personales son impactantes. Los testimonios no pueden ser refutados, son el relato de lo que Dios ha hecho y está haciendo en tu vida. Como vimos con María Magdalena, cuando es la verdad, nadie puede decir lo contrario.

Tu testimonio impactará a la gente; cambiará la vida de algunos. Algunos de los que están dudando serán alimentados, otros que están débiles serán fortalecidos y personas confundidas pueden recibir claridad. ¡Y Dios puede hacer esto a través de ti!

Comienza a orar por tu testimonio. Si ya tienes tu testimonio de salvación preparado, ora por oportunidades de compartirlo. Mientras trabajas en tu Rol en su Reino, pídele a Dios que te de las palabras que te ayuden a expresar lo que él está haciendo en tu vida.

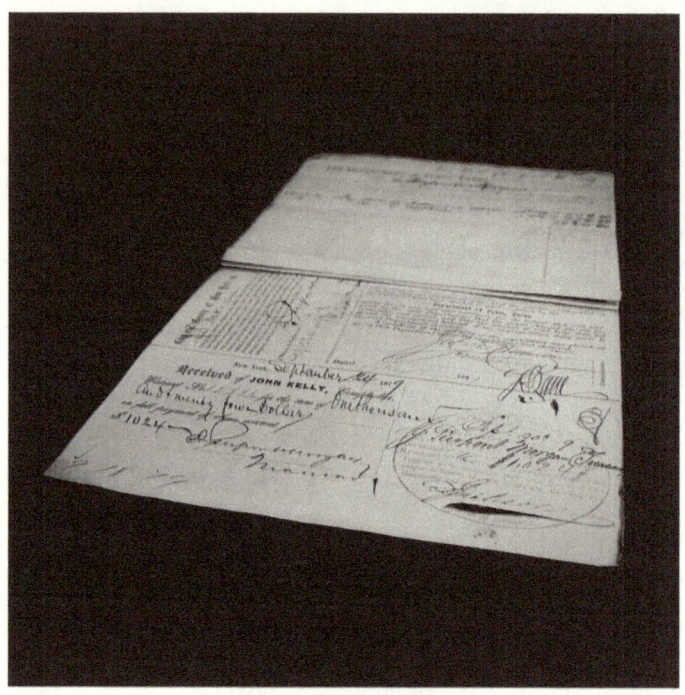

Este comprobante de donación fue firmado por J.P. Morgan, un fideicomisario del museo American Museum of Natural History por 44 años, desde 1869 hasta su fallecimiento en 1913.

Capítulo 8

EL TESORO Y LA CABEZA, LAS MANOS Y EL CORAZÓN

𝗂𝗂𝗂𝗂𝗂𝗂𝗂𝗂𝗂𝗂𝗂𝗂𝗂𝗂𝗂𝗂

Hasta este punto hemos estado viendo cómo la vida transformadora nos lleva a nuestro Rol en su Reino. Hemos examinado cómo nuestra cabeza está relacionada con nuestro tiempo, nuestras manos con el talento y nuestros corazones con nuestro testimonio.

En este capítulo quiero enfocarme en cómo Dios junta estas tres cosas para que usemos nuestros recursos financieros para su reino.

Cuando hemos invertido nuestro tiempo y nuestro talento, y hemos puesto nuestro testimonio como el pináculo, una de las cosas que sigue naturalmente es que nuestros recursos serán utilizados también. No funciona si empezamos al revés.

Administración y propiedad

Es difícil no pensar en el dinero, ¿no? La mayoría de nosotros pensamos en ello cada día de nuestras vidas. A veces nos preocupamos por lo poco que tenemos. ¿Cómo puedo hacer que dure hasta la próxima quincena? ¿Qué pasa si se me acaba? Algunas personas se ponen arrogantes con respecto a la cantidad de dinero que tienen y olvidan de que todo pertenece a Dios. En lugar de buscar maneras en las cuales su dinero puede ayudar a los pobres, o mandar misioneros, o apoyar ministerios, compran nuevos carros, barcos, o casas más caras.

Lo que necesitamos hacer es pensar en cómo Dios tiene pensado que utilicemos nuestros bienes terrenales para su reino y su gloria. Cuando somos generosos, somos una bendición a otros y a Dios también.

Seguramente has escuchado que "La visión es el imán del éxito". Yo diría que nuestro testimonio es el imán de nuestros recursos. Nuestros bienes siguen nuestro llamado de Dios y nuestro tiempo con Jesús. Ellos no dirigen, sino siguen.

En 1 Timoteo 6:17-20, Pablo escribe:

> *A los ricos de este mundo, mándales que no sean arrogantes ni pongan su esperanza en las riquezas, que son tan inseguras, sino en Dios. Él nos provee de todo en abundancia para que lo disfrutemos. Mándales que hagan el bien, que sean ricos en buenas obras, generosos y dispuestos a compartir lo que tienen. De este modo, atesorarán para sí un seguro fundamento para el futuro y obtendrán la vida verdadera.*
>
> *Timoteo, ¡cuida bien lo que se te ha confiado! Evita las discusiones profanas e inútiles y los argumentos de la falsa ciencia.*

El pasaje es directo. Habla de cómo deberíamos percibir el dinero a la luz del reino de Dios. Si nos enfocamos en el versículo 19, podemos ver que los ricos pueden atesorar "para sí un seguro fundamento para el futuro". Andrew Carnegie lo creyó. Él sirvió a Dios con sus riquezas en su día y en su contexto, y Dios espera que hagamos lo mismo en el nuestro. Cuando fue preguntado si los millones de dólares que donaba le causaban momentos de ansiedad, Carnegie contestó que no experimentaba ansiedad alguna porque él era un simple administrador del dinero de Dios.

Ser mayordomo es diferente de ser dueño. Los mayordomos saben que son responsables por lo que pertenece a otra persona. El término con el que estamos más familiarizados hoy es *administrador*. Todos nosotros somos administradores de alguna cantidad de "cosas" que Dios permite que estén en nuestro control. Ya sea un automóvil, unos muebles, ropa, una casa, dinero en el banco o inversiones, y así sin fin, Dios lo pone bajo nuestro control para administrar.

Aquí es dónde solemos equivocarnos: olvidamos de que somos mayordomos/administradores y pensamos que somos dueños. Como resultado, vemos nuestras cosas no como algo que le pertenece a Dios, sino como recursos que nos pertenecen a nosotros. Por esto Jesús advirtió: "No acumulen para sí tesoros en la tierra, donde la polilla y el óxido destruyen, y donde los ladrones se meten a robar. Más bien, acumulen para sí tesoros en el cielo, donde ni la polilla ni el óxido carcomen, ni los ladrones se meten a robar. Porque donde esté tu tesoro, allí estará también tu corazón" (Mateo 6:19-21).

Los recursos terrenales deben ser vistos con un propósito celestial. Cuando nuestras vidas son transformadas, comenzamos a ver nuestros recursos como Dios los ve: como nuestro testimonio. Es una relación con Jesucristo. Cuando hagas su voluntad y busques "primeramente el reino de Dios y su justicia" descubrirás que "todas estas cosas" te serán añadidas (Mateo 6:33).

Una visión madura de los recursos

Normalmente, nuestro entendimiento del dinero madura con la edad. Los niños no saben que un dulce no cuesta $20 dólares. Incluso adolescentes de quince o dieciséis años no tienen la misma visión del dinero que tendrán a sus treinta y cuarenta. Kevin, mi hijo mencionado anteriormente, es un ejemplo. Él amaba trabajar. Guardaba el dinero que ganaba en latas vacías de pelotas de tenis, una por cada una de las tres maneras en que usaba su dinero: gastando, ahorrando y dando. La que era para dar tenía "20%" escrito encima.

Ahora, muchos niños que van a la iglesia aprenden a diezmar (es decir, devolver 10% de sus ganancias a Dios, ya sea que venga del dinero que reciben semanalmente de sus papás o del dinero que ganan cortando césped o cuidando a otros niños). Pero la lata de Kevin tenía *20%* escrito en ella. Una vez le pregunté cómo llegó a esa decisión. Me contestó: "Solo quiero asegurarme de que Dios sabe cuánto lo amo".

Me doy cuenta de que para algunos 20% pueda ser poco. Para otros es muchísimo. No conozco tus circunstancias. Lo que sí sé es que Dios puede hablar a los corazones de los adolescentes para que quieran asegurarse de que Dios sabe cuánto lo aman. Se trata de testimonio y de lo que Jesús ha hecho por nosotros. Kevin quería 20% en esa lata vacía porque no quería ningún malentendido sobre lo que más le importaba. Fue su manera de decir: "Amo a Dios con todo mi corazón".

Espero que el testimonio de Kevin te anime a recordar que Jesús es nuestro tesoro. Al igual que Kevin, cuando nuestro corazón está centrado en Jesús, nuestros recursos seguirán a nuestro corazón hasta su reino.

Lo que podemos aprender de un billete de un dólar

Me gustaría que dejaras de leer por un segundo y que buscaras un billete. Puede estar en tu cartera o en tu casa. Solo toma un billete de $1 o $5, el valor no importa. Pero no sigas leyendo hasta que tengas algún billete en la mano. (Si no puedes encontrar un billete, usa tu tarjeta de débito o abre la aplicación de pago de tu teléfono).

Ahora, quiero que mantengas el billete en tu mano. Quiero que lo mires y que lo voltees. Quiero que lo estudies y que lo examines. Y ahora quiero que pienses en cuándo ganaste tu primer billete ¿Cuántos años tenías? ¿Seis? ¿Ocho? ¿Once? Toma tiempo si es necesario.

¿Qué hiciste para ganar este primer ingreso? ¿Entregar periódicos? ¿Trabajar en el jardín?

¿Quehaceres semanales del hogar? Ahora permíteme hacerte otra pregunta: ¿qué significaba ese dinero para ti?

Sabemos que los negocios frecuentemente exponen su primer dólar en un marco colgado en la pared, ¿no? ¿Qué significaba ese primer billete para ti? ¿Qué tan feliz te hizo? Quiero decir, estuvo genial, ¿no?

Yo recuerdo el primer dólar que yo gané. Tuve que trabajar más de dos horas para hacerlo. Mi abuelo me pagó un centavo por minuto. Me pagó $1.20 en puras monedas (*quarters* y *dimes* estadounidenses). Di 20 centavos como mi diezmo y ofrenda y me quedé con el dólar. Fue una prueba para confirmar que sin importar lo que fueran las denominaciones del dinero, yo sería fiel al Señor con mis ofrendas.

Pienso en ese dólar que gané. Ya no lo tengo, obviamente. Se fue. Se gastó. ¡Es probable que tampoco tengas el primer billete que ganaste! Pero quiero que pienses en la bendición que fue. ¿No fue una bendición? Fue una increíble bendición tenerlo.

Ahora, avancemos rápidamente hasta hoy. El billete, o pedacito de plástico, o aplicación que tienes en tu mano representa todo el dinero que tienes. ¿Es más una carga o todavía es una bendición? Mi experiencia ha sido que, por el motivo que sea, con poco o mucho dinero, esto que tenemos en nuestras manos llamado monedas muy fácilmente pueden convertirse en una carga. Esto ocurre cuando nos preocupamos por el mercado de valores, por las inversiones, por la deuda, y la universidad, por las bodas, la hipoteca, y por muchas otras cosas más.

Lo interesante es que con el dólar estadounidense que recibí cuando era niño, también recibí la clave que lo pone en su lugar correcto y nos permite seguir viéndolo como una bendición. En la parte trasera de mi billete dice: "en Dios confiamos". Estoy casi seguro que la parte trasera de tu billete estadounidense dice lo mismo. Proverbios 3:5-6 dice: "Confía en el SEÑOR de todo corazón y no te apoyes en tu propia inteligencia. Reconócelo en todos tus caminos y él enderezará tus sendas".

Si tus billetes se han convertido en cargas para ti, tal vez es porque los ves como un tesoro que poseer en lugar de algo que le pertenece a Dios y que tú debes administrar. No permitas que lo que Dios tenía pensado como una bendición se vuelva una carga, como he visto en tantas vidas a lo largo de mis años de ministerio.

En este momento me gustaría hacer algo muy práctico. Encuentra una nota adhesiva u otra hojita de papel. Escribe la fecha en la que estás leyendo esto. Ahora quiero que ores. Puedes usar la siguiente oración como ejemplo:

> *Señor, te estoy dando la carga que el dinero ha causado en mi vida. Sé que tu intención era que me bendijera. Sin embargo, por una razón u otra, ha llevado una carga consigo. Y hoy te doy*

a ti esta carga para que yo pueda experimentar la plenitud de tu presencia. Sé que mientras estos billetes sean una carga para mí, y mi enfoque esté en las preocupaciones de este mundo, no experimentaré tu presencia plena. Deposito en ti toda ansiedad, porque tú me cuidas. Pongo esto a tus pies y pido que me ayudes a dejarlo ahí hasta que pueda volver a ser una bendición, hasta que yo pueda realmente decir, "En Dios confío".

Toma el tiempo para hacerlo. Ahora pega esta nota adhesiva al billete y ponlo en un estante o mesa en tu cuarto. Deja que sea un monumento para ti. Entrega esa carga a Dios cada vez que veas el billete con la fecha encima.

Parte de nuestro Rol en su Reino es experimentar la bendición de Dios. Si vamos a experimentar la presencia de Dios y la paz de Dios, entonces también necesitamos ser una bendición de Dios. Sé una bendición para Dios y para otros. Así utilizamos nuestros recursos, testimonio, talento y tiempo.

El propósito de este capítulo es que entendamos cual es el lugar de nuestros recursos en el reino de Dios, que comprendamos el poder de bendecir y el hecho de que somos una bendición para Dios. Si de alguna manera pensamos que los recursos son requeridos para que seamos una bendición, perdemos el punto del llamado de Dios en nuestras vidas. Su llamado es a que lo conozcamos. Tu Rol en su Reino es caminar con Jesús. Y lo que fluye de ahí es oportunidad.

Un poco común directorio telefónico de empleados de la Ford Motor Company. El número de Henry Ford fue el número 2, el de Edsel Ford fue el 3.

Capítulo 9

PRINCIPIO Y PRINCIPAL

¿**R**ecuerdas cuando aprendías sobre las palabras homófonas en la escuela? Son palabras que se escuchan igual pero que tienen significados distintos y frecuentemente se escriben diferentes: *ola* y *hola*, *bota* y *vota*, *vez* y *ves* o *cierra* y *sierra*.

En este capítulo quiero que veamos dos palabras que, en inglés, se pronuncian igual pero tienen significados diferentes — especialmente con respecto a nuestras prioridades en la vida. Estas palabras son *principle* (principio) y *principal* (principal). La RAE define "principio" como "Norma o idea fundamental que rige el pensamiento o la conducta" e "idea sobre la que se basa un razonamiento o una doctrina". También, una de las maneras en que define la palabra "principal" es "capital de un préstamo". Para el contraste que voy hacer en este capítulo, piensa en "principal" como "una suma de dinero".

¿Cuál es mi prioridad suprema en la vida? ¿Es el Principio que expresa el conjunto de valores centrales que gobiernan mi vida? ¿O es el Principal que determina los resultados de mi vida, es decir, el dinero que tenga o no tenga? Si de alguna manera estás viviendo por el Principal –sutilmente o intencionalmente, tus posesiones te poseen a ti– ahora tienes la oportunidad de restablecer el marcador y poner las prioridades de la vida en orden adecuado.

Como los empresarios de los cuales hemos hablado varias veces en este libro, ahora sabemos que es posible permitir que el Principio guíe a tu Principal. El dinero puede ser usado para los propósitos del reino. El problema aparece cuando está al revés, cuando el Principal (el dinero) toma prioridad encima de los valores (principio). Pablo habla de esto en 1 Timoteo 6:10: "Porque el amor al dinero es la raíz de toda clase de males. Por codiciarlo, algunos se han desviado de la fe y se han causado muchísimos sinsabores".

Manteniendo el órden correcto

Entonces, ¿cómo podemos mantener el Principio y el Principal en el órden correcto? Podemos aprender de lo que Jesús nos enseña en Mateo 6:25-34:

>*»Por eso les digo: No se preocupen por su vida, qué comerán o beberán; ni por su cuerpo, cómo se vestirán. ¿No tiene la vida más valor que la comida y el cuerpo más que la ropa? Fíjense en las aves del cielo: no siembran ni cosechan, ni almacenan en graneros; sin embargo, el Padre celestial las alimenta. ¿No valen ustedes mucho más que ellas? ¿Quién de ustedes, por mucho que se preocupe, puede añadir una sola hora al curso de su vida?*
>
>*»¿Y por qué se preocupan por la ropa? Observen cómo crecen los lirios del campo. No trabajan ni hilan; sin embargo, les digo que ni siquiera Salomón, con todo su esplendor, se vestía como uno de ellos. Si así viste Dios a la hierba que hoy está en el campo y mañana es arrojada al horno, ¿no hará mucho más por ustedes, gente de poca fe? Así que no se preocupen diciendo: "¿Qué comeremos?", o "¿Qué beberemos?" o "¿Con qué nos vestiremos?". Los paganos andan tras todas estas cosas, pero su Padre celestial sabe que ustedes las necesitan. Más bien, busquen primeramente el reino de Dios y*

su justicia, entonces todas estas cosas les serán añadidas. Por lo tanto, no se preocupen por el mañana, el cual tendrá sus propios afanes. Cada día tiene ya sus problemas.

Ve de nuevo el versículo 33 y pregúntate: "¿Qué son 'todas estas cosas'? Yo creo que son las cosas por las cuales solemos preocuparnos y pensar que realmente necesitamos para la vida en sí. Los versículos anteriores te dicen que busques primeramente el reino de Dios. Podemos hacer esto en un día fácil, ¿no? Pero es más desafiante en un día difícil, cuando las circunstancias no son buenas, o cuando hemos recibido un golpe en la vida. Aún así, Jesús dice: "busquen primeramente el reino de Dios y su justicia".

Esto significa hacer lo que Dios dice que es correcto. No es una cuestión subjetiva en la que yo tengo mi definición de correcto y tú tienes la tuya. Él está hablando de la justicia de Dios. Busca primeramente el reino de Dios y su justicia. Entonces todas estas cosas te serán añadidas. Así que avancemos en la fe, creyendo que Dios es capaz de tomarnos en donde estemos y llevarnos a través de los mañanas de la vida. Esto es lo que hará.

Vivir para otros

A través del poder del Espíritu, podemos vivir con un desbordamiento para que la gente lo vea y nos pregunte de la esperanza que está en nosotros. Pero no podemos dar a los demás lo que no tenemos dentro de nosotros. Lo primero proviene de la reserva de una relación, lo último procede de un pozo que se ha secado, mejor conocido como religión.

Podemos dar a otros lo que tenemos en nuestro tanque de relación. Una razón por la cual estoy tan emocionado por este libro sobre La Vida Transformadora es que de ninguna manera se trata de una religión –en absoluto. Estoy abogando por una relación. Una relación con Jesucristo en la que lo ponemos primero en todo lo que hacemos. Y colocarlo ahí es cumplir nuestro Rol en su Reino.

También es una oportunidad para libremente seguirlo a dónde él nos dirija. En el primer capítulo, hablamos de estar listos para el cielo. Entonces aprendimos que no solo se trata de nosotros estando listos para el cielo, sino también de ayudar a otros a estar preparados. Nunca vamos a poder ayudar a otros a encontrar a Jesús si no estamos dispuestos a apoyarlos en otros sentidos también. Ayudarlos en otras cosas abre la puerta para el evangelio. Es una manera de plantar semillas que más tarde pueden crecer y dar fruto.

Yo amo hacer jardinería, tengo un jardín en la parte trasera de mi propiedad y me emociona trabajar en él cada año. Ahí cultivamos tomates y chiles para salsa (¿a quién no le encanta la salsa?) y pepinos, para hacer pan con pepinillos encurtidos. Además, tenemos árboles frutales: durazno, cereza, manzana y pera. Adoramos hacer jugo y postres frescos también.

Dios nos ha bendecido con tantas cosas. Pero aquí está la lección: si no siembras las semillas, no obtienes salsas. No cosechas manzanas. No tienes pepinillos. Un árbol fructífero empieza con una semilla sembrada. Podemos sembrar en las vidas de las personas cuando los ayudamos, cuando somos generosos en su hora de necesidad, cuando ponemos atención a sus situaciones y respondemos. Como el samaritano en la parábola de Jesús, no cruces el camino para evitar al que sufre como hicieron los líderes religiosos. En lugar de esto, ve a los que están necesitados y ayúdalos.

El papel de tu fe en tu Rol en su Reino

Esto aplica para los granjeros del primer siglo y para los del siglo 21 por igual: todos sembramos en fe. Tenemos que sembrar confiando que algo que no podemos ver está ocurriendo . Sembramos las semillas y las cubrimos con tierra. Las enterramos confiando en que van a germinar y crecer. ¡Pero no podemos verlo suceder y no podemos estar seguros que está pasando hasta que el brote salga a la luz!

Así es cómo es vivir por la fe, es una Vida Transformadora. Hebreos 11 nos recuerda que la fe es tener confianza en lo que *esperamos*, es tener certeza de lo que *no* vemos. No vemos las cosas por las cuales estamos confiando en Dios. No siempre observamos lo que Dios está haciendo bajo la superficie. No percibimos las semillas que sembramos germinar. Dios está haciendo algo milagroso, ¡pero a veces parece que no está haciendo nada! Es ahí que entra la fe. Confiamos en Dios aun cuando las semillas que sembramos no están haciendo algo que podamos observar.

Hebreos 11 es frecuentemente llamado El Gran Capítulo de la Fe o El Salón de la Fe. Cuando lo lees, es fácil ver por qué. (Si no lo has leído recientemente, toma un descanso de este libro para hacerlo). Cada una de las personas mencionadas fueron elogiadas por algo que hicieron por la fe. De hecho, *por la fe* es la frase que presenta a cada persona nueva o grupo nuevo del capítulo. Cada una de las siguientes cosas fueron hechas por la fe:

- Abel ofreció a Dios un sacrificio más aceptable que el de Caín.
- Enoc fue sacado de este mundo sin experimentar la muerte.
- Noé construyó un arca para salvarse a sí mismo, a su familia y a muchos animales.
- Abraham dejó la tierra dónde nació para ir a la tierra prometida.

- Sara dió a luz a un hijo en sus años avanzados.
- Isaac prometió bendiciones a sus hijos.
- Los papás de Moisés lo escondieron de los verdugos del faraón.
- Rahab escondió a los espías de Israel.

Y la lista continúa. El autor dice que le faltaría tiempo si fuera a contar todas las historias que vienen a su mente (versículo 32).

Todas estas cosas fueron hechas *por la fe*. En la sección sobre Moisés, el escritor lo dice así: "Siguió firme en su camino porque tenía los ojos puestos en el Invisible. " (27, Nueva Traducción Viviente). Esto resume lo que es vivir una Vida Transformadora, ¿no? ¿No es al mirar fijamente a aquel que es invisible que vas a cumplir tu Rol en su Reino?

Claro que sí.

No perseguimos nuestro Rol en su Reino porque ya sepamos lo que va a pasar. Cuando Henry Ford ideó la línea de montaje, no tenía idea de cuántos carros serían producidos. Solo sabía que habrían más. Cuando John Rockefeller compró su primer pozo de petróleo, no sabía que *Standard Oil* llegaría a tener la fuerza de un monopolio (según el gobierno). Cuando J.P: Morgan invirtió su primer dólar, no sabía que un día sería capaz de salvar el sistema financiero de los Estados Unidos.

Cuando empecé a trabajar como voluntario en la *Oregon Youth Authority*, no sabía cuántos adolescentes llegarían a conocer a Jesús. No sabía cuántos serían bautizados. Solo sabía que Dios me había dado un Rol en su Reino que abrió una puerta. Entré por la fe. Cuando llegué a *Mission Increase* (la organización sin fines de lucro que publicó el libro que estás leyendo), no sabía hasta dónde llegaría la oportunidad. La acepté en fe. Cuando siembro una semilla de chile, no tengo idea de cuántos chiles vendrán de la planta. Esto está en las manos de Dios mientras él usa el sol, la lluvia y los insectos polinizadores. Yo siembro en fe.

Tal vez en este momento estás pensando en un momento de tu vida en el que necesitabas ver al que es invisible. Quizás en una decisión que necesitas tomar ahora mismo. ¿Puedo recordarte qué está en juego? Hay gente perdida que necesita al Señor.

Señor, ¡ayúdanos, por favor! Por favor, ayúdanos a siempre recordar que nuestro mensaje es uno de gran, gran esperanza y que cada persona en la tierra necesita escucharlo. Ayúdanos a aceptar nuestro Rol en tu Reino para que nos puedas usar para sembrar semillas en todo el mundo que crecerán y darán fruto del reino.

La fe es clave

En la visión dada al apóstol Juan, Jesús dice a la iglesia de Filadelfia: "Conozco tus obras. Mira que delante de ti he dejado abierta una puerta que nadie puede cerrar. Ya sé que tus fuerzas son pocas, pero has obedecido mi palabra y no has renegado de mi nombre" (Apocalipsis 3:8).

A lo mejor sientes, a veces, que no tienes poder. No tienes la influencia que te gustaría y quizás los ascensos en el trabajo han llegado más lentamente de lo que deseas. Jesús dice que lo más importante es obedecer su palabra y no renegar de su nombre. Si haces esto, él te honrará.

Como un recordatorio práctico, quiero invitarte a hacer lo siguiente: la próxima vez que te encuentres cerca a una cerrajería, entra y compra una llave en blanco. Ponlo en tu llavero como un acto de fe. Mientras continúas leyendo *La vida transformadora: descubriendo tu rol en su reino* y después, habrá una puerta abierta que Dios va a colocar en tu camino. Cuando veas esta puerta abierta, tal vez pienses: "Nunca he visto esta puerta. ¿Qué habrá al otro lado?"

Va a ser en ese momento que la llave te recordará a caminar en fe. El Espíritu Santo le hará todos los cortes que la llave necesite. Cuando la puerta esté abierta, el

Espíritu Santo estará guiándote todo el camino. No te adelantes a él, él va antes de ti.

¡Así que permite que esta llave sea una llave de fe! ¿Recuerdas el billete del capítulo anterior? Te dice que la carga se ha ido y la bendición ha llegado. Ahora la llave te anima a pasar por la puerta que Dios ha abierto.

Decimos: "Heme aquí. Envíame a mí".

Carnegie Hall, pagado por Andrew Carnegie, sigue en pie en la calle 57 y avenida 7 en la ciudad de Nueva York. Abrió el 5 de mayo de 1891.

CONCLUSIÓN

Mi oración es que este libro te haya bendecido tanto al leerlo como me bendijo a mí investigar y escribirlo. Cada vez que he enseñado este material en la vida real, nunca falla en bendecirme. Saber que Dios se provee a sí mismo como la base para vivir vidas transformadoras es asombroso. Poder participar en la obra de su reino es maravilloso.

¡Qué gran Dios servimos!

Para concluir nuestro estudio, quiero dirigirme a los dos grupos de personas que están leyendo. Muchos de ustedes ya conocen a Jesús; ya han entrado al reino de Dios a través de su fe en el Hijo de Dios, Jesucristo. ¡Gloria a Dios! Otros de ustedes todavía están buscando, pensando y orando que Dios les ayude de alguna manera. Quiero hablarle primero al segundo grupo.

Hay un pasaje de las Escrituras en el evangelio de Juan que nos cuenta sobre algunas de las palabras que Jesús expresó durante su sufrimiento. En el texto, Jesús se está preparando para completar el trabajo que su Padre le había asignado. Juan escribe:

> *Después de esto, como Jesús sabía que ya todo había terminado y para que se cumpliera la Escritura, dijo:*
> *—Tengo sed.*
> *Había allí una vasija llena de vinagre; así que empaparon una esponja en el vinagre, la pusieron en una rama de hisopo y se la acercaron a la boca. 30 Al probar Jesús el vinagre, dijo:*
> *—Todo se ha cumplido.*
> *Luego inclinó la cabeza y entregó el espíritu.*

En realidad, Jesús estaba preparando a la gente del mundo —tú, yo, todas las generaciones— para el mayor reinicio de toda la historia humana. Jesús se estaba preparando a sí mismo, y a todos los que lo seguirían, para el cielo. La Vida Transformadora comienza con la salvación; empieza con la redención. Así que permíteme hacerte esta pregunta: ¿tienes una relación personal con Jesús? Si mientras leías este libro te preguntaste si tendrías un Rol en su Reino, te puedo decir que éste viene como resultado de seguir a Jesús, de entrar en una relación con él.

La Biblia enseña que no nacemos como hijos de Dios, sino como personas que están separadas de él. Tal vez recordarás que en el primer capítulo hablamos de varios pasajes que tratan el tema de la salvación.

- Todos nacimos en pecado (Romanos 3:23).
- La paga del pecado es muerte, pero Dios nos ofrece la vida eterna en Jesús (Romanos 6:23).
- Jesús está a la puerta de tu corazón, llamando para entrar y convivir contigo (Apocalipsis 3:20).
- A cuantos lo reciben, a los que creen en su nombre, les da el derecho de ser hechos hijos de Dios (Juan 1:12).
- Ya que Dios ama al mundo, dio a su Hijo único, Jesucristo, para salvar a todos los que creen.

Si no conoces a Jesús como tu salvador personal, deja de leer en este momento. Ora. Dile a Dios que lamentas tu pecado y que "te arrepientes", es decir, que estás dando la espalda a tu vida pecaminosa y recurriendo a Jesús. En fe, pídele a Dios que te perdone, te salve y que te haga su hijo. ¡Ahora agradécele por la nueva vida que te ha dado!

¡Me regocijo contigo de que ahora seas hijo de Dios a través de Jesús!

¿Qué sigue?

Tanto los que acaban de aceptar a Jesús como los que ya eran salvos, son candidatos preparados para entrar a La

Vida Transformadora. ¿Por qué no te gustaría descubrir tu Rol en su Reino para que puedas hacer una gran diferencia en esta vida y la que sigue?

En el libro de Josué 24:15 del antiguo testamento leemos; "Elige hoy mismo a quién servirás" (Nueva Traducción Viviente). Nota la urgencia y la inmediatez. Elige "hoy mismo". Es claro que esto es algo que no debería ser aplazado o pospuesto. Necesitas encargarte de ello lo más pronto posible. Entender tu Rol en su Reino no es un asunto de seguridad nacional; no, es más importante que esto. Es un asunto de consecuencias eternas.

Para ayudarte, grabé nueve sesiones de enseñanzas que coinciden con los capítulos de este libro. *Mission Increase* ha desarrollado un cuaderno de trabajo que incluye todo lo que necesitas para sacar el máximo provecho de este estudio. Está diseñado para usar junto con los videos para un mayor impacto.

Aunque puedes hacer el estudio individualmente o con un compañero de estudio o mentor, yo recomiendo que lo hagas en un grupo. La retroalimentación, ánimo y aprendizaje combinado es insuperable. *Mission Increase* hasta creó una guía del líder para ayudar a facilitar la discusión y análisis en grupo.

Hay dos componentes del cuaderno de trabajo específicamente diseñados para ayudarte a encontrar tu Rol en su Reino; "Plan de negocios del reino" y la guía

"30 días hacía tu rol en su reino". Se deberían usar juntos, yendo del uno al otro mientras buscas la voluntad de Dios para tu Rol en su Reino. Por treinta días estarás en la palabra de Dios, y después, orando, pensando sobre tu cabeza, tus manos y tu corazón mientras escribes sobre lo que Dios está haciendo en tu vida.

Por supuesto, es posible hacer este estudio solo, pero no lo recomiendo. Otros creyentes pueden ayudarte a lo largo del camino – y tú puedes ayudarles a ellos. Es por esto que pienso que el estudio en grupo tiene mayor valor. Pero si no va haber suficientes personas de tu iglesia haciendo el cuaderno de estudios de *La vida transformadora: descubre tu rol en su reino"*, entonces halla un mentor de confianza con quien hacerlo. De todos modos, no permitas que este libro sea el final de tu viaje. Haz que sea el principio.

Una nota para quienes están casados: El proceso para cumplir tu Rol el su Reino empieza en casa. Empieza con tu familia. Tú y tu cónyuge necesitan estar de acuerdo con relación a sus respectivos Roles en su Reino. Luego, deben inducir a su familia con ustedes, especialmente si tienen niños pequeños que serán afectados por el llamado de Dios a tu vida y el de tu pareja.

Si lo pudiera hacer de nuevo

Lo que has leído y estás preparándote para estudiar es algo que me hubiera gustado tener disponible para mi cuando era un cristiano más joven. Me habría ayudado mucho. De hecho, esto es el resultado de una vida de mí preguntándome: "Si pudiera hacerlo de nuevo, ¿cómo podría hacer una diferencia en el reino de Dios?". Una de las maneras en que Dios me llamó a hacer una diferencia es ayudando a la gente a descubrir su Rol en su Reino y a cumplir su papel dentro del contexto de una vida transformadora. Entonces lo que es más importante para Jesús es lo más importante para nosotros, para que su voluntad sea hecha en la tierra como en el cielo.

Al llegar a la conclusión de este libro, quiero orar por ti.

Padre, queremos servirte y tener una oportunidad para seguir los pasos de Jesús. Queremos impactar tu reino para tu gloria. Queremos ayudar a la gente a conocer a Jesús. Ayuda a cada persona que esté leyendo este libro a experimentar la vida transformadora. Ayúdales a encontrar y cumplir su Rol en tu Reino. Y ayúdales a ceder su tiempo, talento, recursos e influencia para tu reino. Por favor, Espíritu Santo, guíanos a cada uno al camino que quieras que tomemos hasta que tu reino venga en su plenitud. Amén.

Para más información, por favor visita
missionincrease.org/transformational-living
o escanea el código QR abajo.

Libros recomendados para lectores de inglés

Sobre Andrew Carnegie

Alderson, Barnard. Andrew Carnegie: The Man and His Work. New York: Doubleday, Page & Co., 1902.

Carnegie, Andrew; *Helps, Sir Arthur. How to Win a Fortune. The Transaction of Business.* Madison: Eddy Publishing Company, 1904.

Carnegie, Andrew. *The Gospel of Wealth.* Belford: Applewood Books, 1998. (Reprint)

Henderson, Daniel. Louise Whitfield Carnegie: The Life of Mrs. Andrew Carnegie. New York 22: Hastings House, 1950.

Sobre Henry Ford

Bryan, Ford R. *Friends Families & Forays: Scenes from Life and Times of Henry Ford.* Dearborn, Michigan: Ford Books, 2002.

Fay, Charles Norman. *Social Justice: The Moral of the Henry Ford Fortune.* Cambridge, Mass: The Cosmos Press, 1926.

Ford, Henry. *My Philosophy of Industry.* New York: Coward- McCann, Inc., 1929.

Marquis, Samuel S. *Henry Ford: An Interpretation.* Boston: Little Brown, and Company, 1923.

Sobre J.P. Morgan

Allen, Frederick Lewis. *The Great Pierpont Morgan*. New York: Harper & Brothers, 1949.

Govenar, Alan; Maack, Mary Niles. *Anne Morgan: Photography, Philanthropy, & Advocacy.* New York: The American Friends of Blerancourt, 2016.

Hovey, Carl. *The Life Story of J. Pierpont Morgan*. London: William Heinemann, 1912.

Satterlee, Herbert L. *J. Pierpont Morgan.* New York: The MacMillan Company, 1939.

Sobre John D. Rockefeller, Sr

Carr, Albert Z. *John D. Rockefeller's Secret Weapon*. New York, Toronto, London: McGraw-Hill Book Company, Inc., 1962.

Chernow, Ron. *Titan: The Life of John D. Rockefeller Sr.* New York: Random House, 1998.

Goulder, Grace. *John D. Rockefeller: The Cleveland Years.* Cleveland: The Western Reserve Historical Society, 1972.

Loebl, Suzanne. *America's Medics: The Rockefellers and Their Astonishing Cultural Legacy.* New York: Harper Collins Publishers, 2010.

Sobre Cornelius Vanderbilt

Croffut, W.A. *The Vanderbilts and the Story of their Fortune*. Chicago and New York: Belford, Clarke & Company, 1886.

Lane, Wheaton J. *Commodore Vanderbilt: An Epic of the Steam Age*. New York: Alfred A. Knopf, 1942.

MacDowell, Dorothy Kelly. *Commodore Vanderbilt and His Family.* Hendersonville, NC: Dorothy K. MacDowell, 1989.

Vanderbilt II, Arthur T. *Fortune's Children: The Fall of the House of Vanderbilt.* Norwalk, Connecticut: The Easton Press, 1993.

www.ingramcontent.com/pod-product-compliance
Lightning Source LLC
Chambersburg PA
CBHW030314130626
46549CB00002B/857